経営コンサルティング・ノウハウ **3**

会計マネジメント

改訂版

公益財団法人 **日本生産性本部**
コンサルティング部［編］

檜作 昌史［著］
HIZUKURI, Masashi

中央経済社

シリーズ発刊にあたって

　本シリーズは，人材を育成しながら経営コンサルティングを行う「エデュケーショナル・コンサルティング」を基本コンセプトに出版したものである。私たち日本生産性本部の経営コンサルタントが，生産性向上のために実践している経営コンサルティング・ノウハウを公開し，経営管理に役立てていただくことを目的としている。

　初版は2014年に発刊したが，当時は「生産性向上」は経営課題には挙がっても，世間一般からの認知はけっして高いものではなかった。それが，日本経済が30年にもわたって長期に低迷し，少子化・高齢化から生産年齢人口が減少し続ける中で，その解決の道筋として政府の政策課題に生産性向上が大きく取り上げられるようになった。

　しかし，生産性向上を効率化と同義ととらえる誤った使い方も散見される。一般的にいう生産性は投入と産出の比で計算できる。そして生産性を向上するためには大別して３つの方法がある。「産出（分子）を一定に保ったまま投入（分母）を小さくする（効率化）」，「投入（分母）を一定に保ったまま産出（分子）を大きくする」，「投入（分母）を大きくすることで産出（分子）をさらに大きくする」を挙げることができる。

$$生産性 = \frac{産出（output）}{投入（input）}$$

　分母を小さくするためには「業務改善」を行って労働時間を減らしたり，従業員を減らしたりといったこと等で達成できるが，生産性の理念である「人間尊重」の考え方から後者は排除される。

　では，分子を大きくするためには何が必要なのか。それは「お客様をはじめとしたステークホルダーの満足度」を上げることや「従業員の能力を高める」こと等によって達成されることになる。

　組織はゴーイングコンサーンを前提に経営されている。したがって生産性を「持続的に向上させる」ことが最も重要である。そのためには効果的な業務改善を考えることができる従業員が必要となる。従業員が戦略上最大最強の経営資源たる所以はここにある。

　効果的な業務改善を考えるためには組織が日常的に従業員の能力開発を重視し，実践しているかが肝要となる。従業員が能力を高め，その人の仕事が改善されれば大きな達成感を感じるものだ。このことは仕事や組織に対する満足度に大きく影響する。お客様の満足を得るためには従業員が組織や仕事に満足していることが前提になるからである。

　真の生産性向上は，このように分母改善に加えて分子改善が同時になされる状態を目指すものであり，組織も個人もともに成長する状態にすることをいう。

　シリーズ第3巻となる本書は，経営管理にとって基盤となる「数字」について財務諸表から管理会計，部門別採算管理，計数管理まで幅広くかつ可能な限りわかりやすく論じている。経営を取り巻く環境は日進月歩ではあるが，「数字」の大切さは不変であり，生産性向上の成果は必ず「数字」になって表れる。

　経営は結果を求められるものである。本書が「数字をめぐるマネジメント」の実践に，お役に立てれば幸いである。

2023年8月

公益財団法人 日本生産性本部
コンサルティング部長　前田　貴規

改訂にあたって

　経営コンサルティング・ノウハウシリーズの初版が刊行されたのは2014年9月である。これまで9年にわたり多くの方の目に触れ，経営者の計画策定作業などや中小企業診断士やコンサルタントを目指す方の参考書として8回の重版を重ねてきた。

　この9年間での社会の変化は目覚ましいものがある。感染症問題や地政学的リスクの顕在化，働き方改革，物価変動など，外部環境は予測不能な大きな変化に見舞われた。現在の企業を取り巻く環境は，本書を執筆した当時とまったく異なるものであり，当然ながら，経営者の会計マネジメントに対する価値観も異なってきているはずである。筆者自身もコンサルティングやセミナー・研修の経験を重ねたこともあり，拙著の内容を改訂する必要があると考えた。

　原理原則の部分は大きく変わることはないが，株式公開企業向けの指標やM&Aなどの投資の意思決定に関わる内容を付け加えた。一方で，環境分析や戦略のフレームワークは削っている。この部分は，シリーズの『経営の基本』（加藤篤士道著）や『マーケティング』（小倉高宏著）をお読みいただきたい。

　拙著は当初，どちらかというと中堅中小企業の経営者や管理者に向けての内容を重視していた。しかしながら，株式公開企業向けの内容も欲しいとの声もあり，また，M&Aの増加に伴い，戦略的な投資の意思決定に関する内容も必要となってきたため，改訂版に追加するものである。

2023年8月

公益財団法人　日本生産性本部
主席経営コンサルタント　檜作　昌史

はじめに

　本書は，数字の苦手な経営者や管理者に向けた応援歌である。

　われわれコンサルタントもすべて数字が得意とは限らない。何を隠そう私自身，銀行員時代は決算書の読み方がまったくわからず，先輩の見よう見まねで融資の稟議書を書いていたものである。ある時20億円の融資案件で前任の先輩が書いた稟議書をそのまま写して提出し，当時の支店長に大目玉をくらったこともある。財務分析が苦手だった銀行員が20年後にコンサルタントをやっているとは不思議であるが，1ついえることは，『どこがわからないのかが，わかる』コンサルタントがいてもよいのではないかということである。

　ここで取り上げる「数字」としては，企業における計測可能なさまざまな活動から財務諸表に集約される会計情報の数値に至るまで，できるだけ幅広く扱う。また，現場のスタッフや管理者から経営者まで幅広い層の方々に読んでいただけるように「わかりやすさ」を重視した。

　また，本書は企業が生産性を高めるためには何をすればよいかというテーマに，会計の視点からアプローチしている。生産性の向上とは，限られた経営資源で最大の付加価値を稼ぎ出すことといえる。そのためには，経営資源の効率的活用という側面と付加価値の極大化という側面の両面から方策を考えることができる。それら方策の具体論は各シリーズに任せることとして，諸活動のもととなるPDCAサイクルとそのスタートである経営計画を作るための考え方，プロセス，具体例をお示ししたい。その他管理手法としての部門別採算管理制度や進捗管理等の具体的手法を紹介する。

　本書は，会計の視点からマネジメントを実践する手引書という意味で「会計マネジメント」としてまとめている。人的資源などの経営資源や企業規模，ビジネスモデルなどによって会計マネジメントの方法，採用するべき制度や仕組みのレベルなどは千差万別であることから，自社に適した形で本書の内容を取

り入れていただきたい。

　本書が日夜戦い続ける経営者や幹部の方々のお役に立てれば幸甚である。

　2014年9月

　　　　　　　　　　　　　　　　公益財団法人　日本生産性本部

　　　　　　　　　　　　　　　　主任経営コンサルタント　**檜作　昌史**

Contents

シリーズ発刊にあたって　Ⅰ

改訂にあたって　Ⅲ

はじめに　Ⅴ

第1章

会社の数字がよくわかる
── 経営陣や幹部社員は数字で語れるか

[1] 財務諸表で会社の数字がよくわかる ……………………………………… 2

  (1) 財務諸表とは何か　2

    ① 財務諸表（決算書）とは　2

    ② 決算書の構成　3

  (2) 貸借対照表の見方　4

    ① 資産の部　4

    ② 負債の部・純資産の部　5

  (3) 損益計算書の見方　6

  (4) キャッシュフロー計算書の見方　9

    ① キャッシュフロー計算書の特徴　9

    ② キャッシュフローの区分　10

    ③ 望ましいキャッシュフローは「稼いで，使って，使って！」　11

[2] 財務分析の要諦 ………………………………………………………………… 13

  (1) 長期時系列分析の視点　13

  (2) 短期時系列分析の視点　15

  (3) 経営指標による分析の種類　15

  (4) 安全な会社とは？（会社の安全性）　16

    ① 流動比率　17

② 当座比率　17

③ 固定比率　18

④ 固定長期適合率　19

⑤ 自己資本比率　20

⑥ 貸借対照表の望ましい姿　21

(5) 儲けの構造とは？（会社の収益性）　22

① 総資本経常利益率　22

② 売上高総利益率　25

③ 売上高営業利益率　25

④ 売上高経常利益率　25

⑤ 売上高販売管理費比率　26

⑥ 総資本回転率　26

⑦ 固定資産回転率　27

⑧ 売上債権回転期間　27

⑨ 棚卸資産回転期間　27

⑩ ROE　28

⑪ ROIC　29

コラム 営業循環とキャッシュフロー　30

(6) 効率のよい企業活動とは？（会社の生産性）　31

① 付加価値とは　31

② 生産性とは　32

③ 労働生産性　33

④ 付加価値率　34

⑤ 労働装備率　34

⑥ 有形固定資産回転率　35

⑦ 労働分配率と従業員1人当たり人件費　35

⑧ その他生産性指標および管理指標　37

第2章

管理会計（経営会計）の基礎
── 会計マネジメントに必要な知識を理解する

1 **管理会計は経営会計** 42

⑴ 管理会計とは　42

⑵ 財務会計と管理会計の違い　43

2 **変動損益計算書** 44

⑴ 変動費とは何か　45

　① 変動費とは　45

　② 変動費の検証　46

　③ 変動費率　48

⑵ 限界利益とは　49

　① 限界利益とは何か　49

　② 限界利益率とは　49

⑶ 固定費とは何か　50

　① 固定費とは　50

　② 管理可能費と管理不能費　51

　③ 固変分解　51

3 **損益分岐点** 54

⑴ 損益分岐点とは　54

　① さかな屋を始めよう　54

　② 損益分岐点売上高の求め方　55

　③ 利益図表を使って損益を見る　56

⑵ 損益分岐点比率と安全余裕率　58

　① 損益分岐点比率とは　58

　② 損益分岐点比率の求め方　58

　③ 安全余裕率（経営安全率）　59

コラム 損益分岐点比率（安全余裕率）の望ましい水準　61

4 **収益構造の改善** ………………………………………………………………… 62

(1) 企業の収益構造　62

① 黒字企業の収益構造　63

② 収支均衡企業の収益構造　63

③ 赤字企業の収益構造　63

(2) 収益構造の改善　65

① 売上高を増やす　65

② 変動費率を下げる（限界利益率を上げる）　66

③ 固定費を減らす　67

④ 収益構造改善の4つの視点　67

第3章

経営計画の策定
── 経営の羅針盤・青写真をどう描くか

1 **経営戦略と経営計画のあり方** ………………………………………………… 74

(1) 経営戦略と経営計画　74

① 2つのギャップ　74

② 現状認識とビジョン　75

③ 戦略と計画　76

(2) 経営計画の策定の目的　77

① 経営の羅針盤　77

② 目標の共有と経営参画意識の醸成　77

③ ステークホルダー対策　78

2 **計画策定の流れ** ………………………………………………………………… 78

(1) 企業理念から経営戦略　79

(2) 経営戦略から中期経営計画（3ヵ年計画や5ヵ年計画）　79

(3)　中期経営計画と利益計画　80

(4)　中期経営計画から単年度計画　80

(5)　行動計画（実行プラン）　81

3　中期経営計画の内容 ……………………………………………………… 81

(1)　企業概要　81

(2)　環境分析　84

① PEST分析　84

② 5フォース分析　85

③ 3C分析　86

④ バリューチェーン　87

⑤ VRIOフレームワーク（RBV：Resource Based View）　87

⑥ SWOT分析　89

(3)　経営基本方針　89

① 社是・社訓　89

② 企業理念　90

③ ビジョン　90

(4)　中期経営計画の基本方針　91

① 経営基本目標　91

② 全社戦略　92

③ 企業ドメイン（事業展開領域）　93

(5)　目標達成に向けた事業戦略　94

(6)　機能別戦略　95

① 人事戦略　95

② 組織戦略と要員計画　96

③ 財務戦略，投資計画，資金計画　97

④ その他　99

(7)　数値計画　99

① 計画期間　100

② 計画損益計算書　100

③ 計画貸借対照表　101

④ 計画キャッシュフロー計算書　101

⑤ 資金計画　101

(8) 行動計画（実行プラン，アクションプラン）　102

① 行動計画の内容　102

② 行動計画のブレイクダウン　102

③ ロジックツリーで問題解決　105

コラム 経営改善計画書を「机の肥やし」にしてはならない！　108

4 計画の数値化 ……………………………………………………………………… 109

(1) 計画の数値化とは　109

(2) 経営は後ろから読む　110

① 必要なキャッシュフローを求める　111

② 必要利益を求める　113

③ 必要売上高を求める　114

コラム 利益は固定費と思え！　119

(3) 数値化の流れ　119

(4) 損益項目の数値化　121

① 売上高　121

② 売上原価　122

③ 在庫増減について　123

④ 販売費及び一般管理費　124

⑤ 営業外収支（営業外収益，営業外費用）　125

⑥ 特別損益，その他　125

⑦ 管理会計の変動損益計算書から財務会計の損益計算書への変換　126

(5) 貸借対照表の数値化　127

① 利益剰余金　127

② 売上債権　128

③　棚卸資産（在庫）　129

④　仕入債務　130

⑤　有形固定資産　131

⑥　投資その他の資産　132

⑦　長期借入金・社債　132

⑧　短期借入金　133

⑨　借入金の返済額の決定方法　134

(6)　キャッシュフロー計算書の作成　135

①　営業キャッシュフロー　136

②　投資キャッシュフロー　138

③　財務キャッシュフロー　140

④　フリー・キャッシュフロー　140

⑤　キャッシュフローと現預金の関係　141

5　投資の意思決定 ··· 144

(1)　投資の評価方法　144

(2)　回収期間法　145

①　回収期間法の長所　145

②　回収期間法の短所　145

(3)　NPV（正味現在価値）法　146

①　現在価値　147

②　DCF法　148

③　NPV（正味現在価値）法とは　150

④　NPV法の長所　151

⑤　NPV法の短所　151

⑥　NPV法の具体例　152

(4)　IRR（内部収益率）法　152

①　IRRとは　153

② IRR法の長所　153

③ IRR法の短所　153

第4章

部門別採算管理制度
── 会計マネジメントのコアとなるツール

1 部門別採算管理の概要 ··· 156

(1) 部門別採算管理制度の意義　156

(2) 制度の目的と狙い　158

　① 経営者や管理者の意思決定　158

　② 業績責任の明確化　159

　③ 現場改革・改善案の策定　159

　④ 経営参画と人材育成　159

　⑤ 動機づけと目標管理　159

　⑥ 評価基準（人事考課）　160

(3) 部門別採算管理のメリット・デメリット　160

　① メリット　160

　② デメリット　161

2 部門別採算管理制度の設計 ··· 161

(1) 制度設計の手順　162

(2) 組織の設計　163

　① 組織展開図の作成　163

　② 採算単位の性格づけ　164

　コラム　従業員2名の採算単位！　166

(3) 部門別採算管理表の設計　167

　① 部門別採算管理表の構成　167

　② 部門別採算管理表の記載事例　168

(4)　ルールの設計　174

　①　社内取引に関するルール　174

　②　費用の負担に関するルール　174

　③　利益責任に関するルール　175

(5)　システムの整備・構築　175

　①　システムの構成　175

　②　システムのチェックポイント　177

3 部門別採算管理制度の主なルール ……………………………… 179

(1)　内部振替ルール　179

　①　内部振替の意義　179

　②　内部振替の仕組み　180

　③　社内仕切価格　180

(2)　社内仕切価格の考え方　180

(3)　社内仕切価格の決定方法　181

　①　原価基準による社内仕切価格　182

　②　市場基準による仕切価格　183

(4)　その他内部振替に関連するルール　186

　①　忌避宣言権の設定　186

　②　内部取引相殺　186

　③　未実現利益の消去　187

(5)　管理不能費と業績評価　188

(6)　責任利益の明確化　189

(7)　配賦ルールの確立　190

　①　本社費配賦制度　190

　②　実績費用配賦と予算費用配賦　191

　③　配賦基準の選択　193

(8)　社内金利の内部振替　197

① 対象となる主な資産　197

② 棚卸資産の負担について　198

③ 仕切レート（適用金利）　198

④ 社内金利の内部振替のメリット・デメリット　200

第5章

計数管理のしかた
―― 現場のPDCAサイクルを回し，企業の血流を管理する

1 進捗管理 ··· 204

(1) マネジメントサイクルについて　204

　コラム　職場のPDCA～このような職場はありませんか？　206

(2) 進捗管理のステップ　207

① 実績の把握　207

② 差異分析　207

③ 必要な処置をとる　208

④ 次の計画に活かす　208

(3) 予算・実績の差異分析　208

① 予算と実績の比較による差異の把握　208

② 利益の差異要因の計算式　209

③ 進捗管理における差異分析の留意点　212

④ 企業活動の結果と差異の要因　212

(4) KGIとKPIの設定　214

① KGIとは　215

② KPIとは　215

③ 設定のポイント　216

④ KPIの留意点　216

2 資金繰り管理 ………………………………………………………………………… 218

(1) 資金繰りとは　218

① 資金繰りの意義　218

② 資金繰りの機能　219

(2) 資金繰り表　219

(3) 資金繰り予測　222

① 経常収入の部　222

② 経常支出の部　223

③ 設備等・決算支出の部　224

④ 財務収支の部　225

⑤ 翌月へ繰越　225

(4) 日繰り管理　225

① 売掛金の入金予測　226

② 買掛金の支払予測　227

③ その他経費等の支払　228

④ 日繰り管理の留意点　229

おわりに　232

第1章

会社の数字がよくわかる

経営陣や幹部社員は数字で語れるか

1 財務諸表で会社の数字がよくわかる

要　点 ・・

☑ 会社の数字にはさまざまな種類のものがあり，それらの数字のほとんどは最終的に財務諸表に影響を与え，そこに総括される。

☑ 財務諸表は企業の診断書であり，経営者や管理者は財務諸表を読む力が求められる。

・・・

　ここでは財務諸表の構造や構成要素を示し，それらの意味することや，それらをどのように見るのかということについて取り扱う。財務諸表のうち特に重要な「貸借対照表」，「損益計算書」，「キャッシュフロー計算書」の3つについて，それぞれの見方と関連性を理解しておく。

(1)　財務諸表とは何か

①　財務諸表（決算書）とは

　企業は活動に必要な資金を調達して，機械や設備などの資産を購入する。そして企業は製品を作り，または商品を仕入れて，それを販売することで収入を得る。当然ながら製造や販売のための費用がかかるし，その他企業を運営する上で必要な経費もかかる。収入すなわち「売上高」からこういった「費用」を引いたものが「利益」となり，そこから株主への配当などに充てられ，残りが内部留保として企業に蓄積される。

　また，稼いだキャッシュ（現金）は次の投資に充てられたり，借入金などの負債の返済に充てられたりする。投資や運転資金の調達が自己資金で賄いきれない場合は借入金や社債あるいは増資などで資金調達をする。

　事業年度（通常1年）が終わるとこのような活動の結果は企業全体の数字にまとめられる。そのまとめたもの，総括が財務諸表である。財務諸表は世間一般では「決算書」と呼ばれる。本書では一般に馴染みのある「決算書」として

表したい。

　決算書はいわば企業の通知表や健康診断書みたいなものである。経営者は自社の業績を掴んで，問題点・課題を把握し，今後の対策を立てる。また投資家や債権者など企業の外部の人も決算書を通じて企業の状況を知ることで投資や取引の判断をする。特に中小企業にとって大きな債権者である金融機関は決算が終わると当然のごとく決算書と確定申告書の写しを要求し，説明を求めてくる。したがって，経営者や財務経理担当者は決算書の仕組みを理解しておかねばならない。また幹部社員，管理者も最低限のことは知っておく必要がある。

② 決算書の構成

　債権者保護（会社法），投資家保護（金融商品取引法），適正な税金納付（法人税法）などの観点から法律・規則が設定され，それらに沿って財務諸表が作成される。

　特に重要度の高いものは「貸借対照表・損益計算書・キャッシュフロー計算書」であり，これらをまとめて財務三表と呼んでいる。中堅中小企業はこの3点を押さえておけば十分に事足りるであろう。損益計算書の他に包括利益計算書があるが，経営分析における重要性が低いことから本書では取り扱わない。

図表1−1−1 財務諸表

財務諸表	内　容
貸借対照表	一時点における調達と運用といった財政状態を表す計算書。左右に大きく区分される。B/S（ビーエス：Balance Sheet）ともいう。
損益計算書	一定期間の経営成績を表す計算書。売上高，費用，利益（損失）が明らかになる。P/L（ピーエル：Profit & Loss Statement）ともいう。
株主資本等変動計算書	B/Sの純資産の部の変動を表す計算書。
キャッシュフロー計算書	一定期間における資金の動き（お金の流れ）を表す計算書。C/F（シーエフ：Cash Flow Statement）ともいう。

(2) 貸借対照表の見方

　貸借対照表とは，バランスシート（B／S：Balance Sheet）ともいい，事業年度が終わった時点でどれだけの財産，借金，元手資金があるかといった企業の財務の状態を一覧表に表したものである。

　貸借対照表は資金の調達と運用とに大きく二分され，調達（負債・純資産）と運用（資産）の合計が一致することから「左右」に表示する。

図表1－1－2 貸借対照表のアウトライン

| 資　産

おカネの使い道 | 負　債
返すおカネ |
| | 純資産（資本）
返さないおカネ |

① 資産の部

　左側は，運用を意味する「資産の部」で，活動内容と現金化までの期間によって「流動資産」と「固定資産」に区分している。流動資産は販売に関して発生する資産と1年以内に現金化できる資産である。固定資産は建物や土地などの有形固定資産，のれん・ソフトウェアなどの無形固定資産と，投資その他の資産に分けられる。それら以外に繰延資産と呼ばれる資産が計上されることもある。繰延資産とは研究開発費など長期にわたって効果を表すような費用を資産として計上し，多年度で償却＝費用計上する性質のものである。

② 負債の部・純資産の部

　右側は，調達を意味するもので，他人資本と呼ばれる「負債の部」（返済しなければならないおカネ）と自己資本である「純資産の部」（資本。返済不要のおカネ）に区分している。負債は資産と同様に活動内容と返済までの期間によって「流動負債」と「固定負債」に区分している。流動負債は1年以内に返済をしなければならない負債であり，固定負債は返済期限が1年を超える負債である。

図表1－1－3 貸借対照表の大枠

資金の運用（使い道）		資金の調達（出所）	
流動資産	現金及び預金	流動負債	支払手形
	受取手形		買掛金
	売掛金		短期借入金
	棚卸資産		未払法人税等
	その他流動資産		その他流動負債
固定資産	有形固定資産	固定負債	長期借入金
	無形固定資産		その他固定負債
	投資その他の資産	純資産	資本金・資本剰余金
繰延資産			利益剰余金
資産合計		負債・純資産合計	

　貸借対照表の代表的な勘定科目と活動内容の例を挙げると，図表1－1－4のとおりである。

図表1－1－4 貸借対照表の主な勘定科目と活動内容（例）

区　分	勘定科目	活動内容（例）
流動資産	現金及び預金	○○銀行に現金を預金した。
	受取手形	○ヵ月後決済の手形をもらって販売した。
	売掛金	○ヵ月後振込の契約で販売した。
	棚卸資産 （在庫）	販売用商品を仕入れて倉庫に保管した。 販売用製品が完成して倉庫で出荷待ちである。
有形固定資産	建物	本社ビルを建設した。
	土地	土地を購入した。
無形固定資産	ソフトウェア	会計システムを外部から購入した。
投資その他の 資産	投資有価証券	長期保有目的で取引先の株式を取得した。
	長期貸付金	関連会社に対して長期の融資をしている。
繰延資産	研究開発費	将来の商品化を見込んで新技術開発のために資金を使った。
流動負債	支払手形	材料の購入で○ヵ月後期日の手形で支払った。
	買掛金	○ヵ月後に支払うという条件で商品を購入した。
	短期借入金	1年以内返済の条件で銀行から融資を受けた。
	未払法人税等	1年以内に支払う法人税が決定した。
固定負債	長期借入金	設備投資の資金調達で期間5年の長期資金を借り入れた。
純資産	資本金	元手資金○百万円で株式会社を設立した。

(3) 損益計算書の見方

　損益計算書（P/L）は，一定期間における企業の業績を示すものであり，「経営成績＝利益（損失）」と捉え，利益（損失）を5つの段階で表示する。

　「利益（損失）」＝「収益（プラス項目）」－「費用（マイナス項目）」とし，「収益」および「費用」を区分する。

　一番上には売上高がきて，そこから売上原価を控除して売上総利益を計算し，次に販売費及び一般管理費を控除して営業利益を計算する。営業利益は本業の営業活動から生まれた利益である。たとえば家電量販店であれば，家電製品の販売と本社の支援活動から生まれた利益である。営業利益に受取利息や配当金

などの営業活動以外からの「営業外収益」を加算し，支払利息や雑損などの「営業外費用」を控除して経常利益を計算する。経常利益に通常発生しない特別損益を加減して税引前当期純利益を計算し，さらに法人税等を控除，法人税等調整額を加減することで当期純利益が計算される。

　このように，損益計算書は足し算と引き算を繰り返して「上から下に流れる」構成となる。

```
      売上高　（＋）
      売上原価　（－）
  ①  売上総利益
      販売費及び一般管理費　（－）
  ②  営業利益（損失）
      営業外収益　（＋）            活動内容に応じて利益（損失）を
      営業外費用　（－）            5段階に区分する。
  ③  経常利益（損失）
      特別利益　（＋）
      特別損失　（－）
  ④  税引前当期純利益（損失）
      法人税等調整額　（＋／－）
  ⑤  当期純利益（損失）
```

　いま団子を1本70円で仕入れて，100円で売ったとする。この場合にお客様から受け取った代金100円は売上であり，仕入にかかったコストは70円，差し引きの30円は儲けである。

　モノやサービスを提供して受け取った対価は売上高である。そして団子の仕入にかかった費用や製品を製造するのにかかったコストを売上原価と呼ぶ。売上原価には2種類がある。小売業や卸売業のように商品を仕入れて販売するときの費用を「仕入原価」といい，製造業のように製品を製造する費用は「製造原価」という。

　製造原価については「製造原価報告書」，販売費及び一般管理費については

「販売費及び一般管理費明細」が作成される。

図表1−1−5 損益計算書の主な勘定科目と活動内容(例)

区分	勘定科目	活動内容(例)
売上高	売上高	製品・商品・サービスを販売した。
売上原価	商品仕入高	商品を仕入先から購入した。
	材料費(製造)	加工用の材料を購入した。
	労務費(製造)	工場作業員に給料を支払った。
	減価償却費	製造部門における過去購入の固定資産を一定期間按分の費用とした。
	経費(製造)	工場設備稼働にかかる経費を計上・支払った。
販売費及び一般管理費	広告宣伝費	販売用にCMを行った。
	運賃	販売先への配送料を支払った。
	人件費	本社・営業スタッフの給料を支払った。
	減価償却費	管理・販売部門における過去購入の固定資産を一定期間按分の費用とした。
	経費	本社運営にかかる経費を計上・支払った。
営業外収益	受取利息	預金に対する利息を受け取った。
	受取配当金	保有株式の配当金を受け取った。
営業外費用	支払利息	借入金に対する利息を支払った。
特別利益	有価証券売却益	過去から保有している株式を売却して利益を得た。
	固定資産売却益	保有遊休資産を売却して利益を得た。
特別損失	固定資産売却損	バブル時購入の土地を売却して損失が生じた。
法人税等	法人税	法人税を支払った。

参考 貸借対照表と損益計算書の関連性

　貸借対照表は一時点における会社の資産・負債の断面図を数字で表したもので、1年後の断面図は過去1年間の業績や企業活動の結果を反映したものとなる。つまり貸借対照表と損益計算書は連続性があるということである。利益は、配当金を支払ったあと剰余金として純資産に蓄積され、資産を増やす元手となり、負債を減らす元手ともなる。

図表1−1−6 貸借対照表と損益計算書の連続性のイメージ

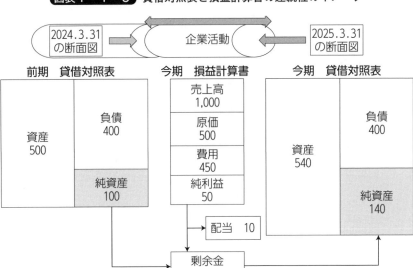

　当期純利益の下に,「包括利益」という項目がある。包括利益とは貸借対照表の純資産の部の期首・期末の増減のことで,「当期純利益＋その他包括利益」で計算される。「その他包括利益」とは,企業が保有する株式や土地,デリバティブ取引などの含み損益である。連結財務諸表に「包括利益計算書」として記載することになっている。

　前述のB/SとP/Lの連続性では,その他包括利益も純資産の部の増減に反映されることになる。

⑷　キャッシュフロー計算書の見方

①　キャッシュフロー計算書の特徴

損益計算書と貸借対照表には以下のような欠点がある。

- 損益計算書は,費用で実際に現金の支出がないものが計上されている。
  （例）減価償却費,有価証券評価損,固定資産除却損
- 貸借対照表は,ある一定「時点」のおカネの運用と調達の状況しか表して

いない。

　キャッシュフロー計算書はこれらの欠点を補うものであり，一定期間（事業年度）における企業の実際の「現金等」の流れを把握することができる。作成方法には直接法と間接法があるが，作成が簡単なことから間接法で作成されることが多い。なお，中小企業では作成が義務づけられていない。しかしキャッシュフロー経営が重視される昨今ではキャッシュフロー計算書を作成している中小企業も増えつつある。

② キャッシュフローの区分

　キャッシュフローは大きく3つに区分される。

a. 営業キャッシュフロー

　営業活動によって生み出されるキャッシュフローであり，企業はここでキャッシュを稼がねばならない。

b. 投資キャッシュフロー

　投資活動によって生み出されるキャッシュフロー。固定資産や有価証券などへの投資やそれらの処分による資金の動きであり，通常はマイナスとなることが多い。

c. 財務キャッシュフロー

　借入・増資等の財務活動によって生み出されるキャッシュフロー。

図表1-1-7 間接法によるキャッシュフロー計算

税引前当期純利益
非現金性費用の戻し
流動資産・流動負債の増減
営業キャッシュフロー…①
固定資産の取得と処分
投資や投資の回収
投資キャッシュフロー…②
借入金の調達や返済
増資
株主配当金の支払
財務キャッシュフロー…③
現預金の増減…①+②+③

■フリー・キャッシュフロー

営業キャッシュフローと投資キャッシュフロー（厳密には事業維持に必要最小限の投資キャッシュフロー）を合わせたものをフリー・キャッシュフローと呼ぶ。企業が自由に使えるキャッシュフローという意味である。フリー・キャッシュフローは借入金の返済や配当金の支払，あるいは新たな投資に充てられる。

③　望ましいキャッシュフローは「稼いで，使って，使って！」

営業活動で稼いだキャッシュフローを将来の成長に対する投資に使い，さらに借入金の返済や株主への配当に使うという「稼いで，使って，使って！」が望ましい姿である。

図表1-1-8 望ましいキャッシュフローの(例)

(単位：億円)

	X期	X+1期	
営業活動からのキャッシュフロー	4,290	4,308	稼いで！
投資活動からのキャッシュフロー	−826	−2,122	使って！
財務活動からのキャッシュフロー	−3,030	−2,131	使って！
評価・換算差額等	408	1,750	
現金及び同等物の増減	842	1,806	
現金及び同等物の期首残高	10,935	11,777	
現金及び同等物の期末残高	11,777	13,583	

キャッシュフローのパターンは企業の経営状況によって異なる。一概にはい

えないが，企業の状況によって一定のパターンを示す傾向にある。

図表1－1－9 キャッシュフローのパターン

	安定優良型	積極投資型	借金 出直し型	逆転期待型	最後の あがき型	破綻懸念型
営業CF	＋	＋	＋	－	－	－
投資CF	－	－	＋	－	＋	＋
財務CF	－	＋	－	＋	－	＋

- 安定優良型：前述の「稼いで，使って，使って」の安定期の優良企業に多い。
- 積極投資型：営業キャッシュフローに資金調達を加えて積極的な大型投資をする企業。
- 借金出直し型：営業キャッシュフローはプラスだが，所有資産を売却していったん有利子負債を返済して身軽になってから出直す企業。
- 逆転期待型：業績が悪化したことから，借入れをして一発逆転を狙って設備投資をする企業。
- 最後のあがき型：業績が悪化しており，借入金の返済のために資産を売却せざるを得ない企業。
- 破綻懸念型：業績が悪化し，赤字補填資金を借入金で賄っても足らず，資産を売却せざるを得ない状態の企業。

キャッシュフロー経営が重視され，キャッシュフローを使った経営指標も注目されるようになった。

図表1－1－10 キャッシュフローを使った経営指標（例）

指　標	計算式	解　説
営業キャッシュフロー マージン （単にキャッシュフロー マージンともいう）	営業キャッシュフロー ÷売上高	売上高から営業キャッシュフローをどれほどの割合で稼いだかを見る指標。売上高営業利益率と比較することによって，営業キャッシュフローの内容をよりよく把握することができる。大きいほど収益性が高いといえる。

営業キャッシュフロー対流動負債比率	営業キャッシュフロー÷流動負債	短期的な返済能力を示す指標。この指標は流動比率と同じ考え方で見る。大きいほど安全性が高いといえる。
営業キャッシュフロー対有利子負債比率（単にキャッシュフロー比率ともいう）	営業キャッシュフロー÷有利子負債	有利子負債を営業キャッシュフローでどれほどカバーできるのかを表す指標。大きいほど返済能力が高いといえる。
ネット有利子負債フリー・キャッシュフロー倍率（実質有利子負債償還年数）	（有利子負債−現預金）÷フリー・キャッシュフロー	実質借入金をフリー・キャッシュフローで何年で返済することができるかを見る指標。期間が短いほどよい。装置産業は長くなる傾向がある。

2 財務分析の要諦

要 点 ....

☑ 企業の状態を測るための基準となる経営指標の意味と見方を理解する。

☑ 財務分析では，財務諸表の数値間の関連性ならびに経営指標の時系列比較や他社との比較を行うことで，その変化や良否を判断する。

....

　決算書を読むということは，決算書によって企業の状態を調べることである。そして，決算書をきちんと読むには，数値を使った物差しが必要となってくる。ここでは企業の状態を測るための基準となる「物差し＝経営指標」について述べる。なお，本書では管理会計を主として扱うことから，財務会計をベースとした分析については基本的な事項を説明するにとどめる。

(1) 長期時系列分析の視点

　財務分析となると，つい昨年対比など過去1，2年の短期的な視点になりがちであるが，長期的なトレンドも見ておくことも必要である。企業の長期的な業績のトレンドはどのようになっていたか，その時の内外環境がどのような状況にあったのかを把握することはよい振り返りになり，未来への視点にも役立つ。

長期時系列分析における視点をいくつか挙げると，次のとおりである。

- 過去の成功要因は何であったのか？
- その時の需給動向や競争状態などの外部環境はどのようであったか？
- その後の環境変化と自社に与えたインパクトは？
- 自社の強みは弱みに変わったのか？
- 競合他社との相対的な競争優位性はどう変化したか？

ただし，長期時系列分析をする上での留意点を挙げると，あまり細かい数字にこだわらないということである。売上高や営業利益もしくは経常利益あるいは主要経営指標などでよい。

図表１－２－１ 長期時系列の推移

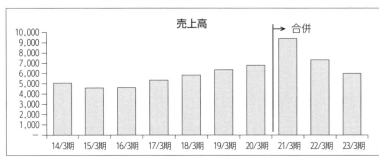

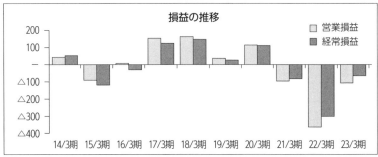

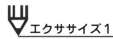
エクササイズ1

　自社業績の長期時系列の推移表・グラフを作成し，その変化と外部環境要因や内部要因とを関連づけしてください。

(2)　短期時系列分析の視点

　3年程度の短期的な財務内容や業績の変化を数値で捉える。貸借対照表，損益計算書はどのように変化したのか，そこから算出される各種経営指標はどのように変化したのかを見る。

　単に数字の変化だけを捉えるのではなく，外部要因と事業活動は財務上どのように影響したのかということも同時に考える必要がある。またそれらの経営指標は競合他社や業界平均と比べてどう違うのか，強みや弱み，課題はどこにあるのかも見ることができる。

(3)　経営指標による分析の種類

　では，経営指標による分析にはどのような種類のものがあるのだろうか。

　経営指標は大きく，企業の安全性，収益性，生産性，キャッシュフロー，成長性，規模に区分できる。

　そして分析の視点には次の3つがある。

- 勘定科目間の関連性や相関関係がどのようになっているのか
- 過去の指標との時系列での比較をして変化の度合いやその原因を追究する
- 同業他社や業界平均との比較により，自社の強み／弱みを把握して改善に活かす

図表1－2－2 経営指標の分析イメージ

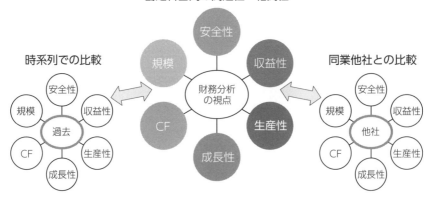

勘定科目間の関連性・相関性

時系列での比較 ／ 財務分析の視点（安全性・規模・収益性・CF・生産性・成長性） ／ 同業他社との比較

⑷ 安全な会社とは？ （会社の安全性）

　取引をしていて安心できる会社とはどのような会社であろうか。「モノを売ると代金をきっちり支払ってくれる」,「働いたら給与をきっちり支払ってくれる」,「お金を貸すときっちり返してくれる」など, さまざまな見方がある。

　会社の安全性とは, 会社の支払能力の高さや資本の安定性の評価と考えてよい。さまざまな指標があるが, ここでは代表的な指標を取り上げる。

図表1－2－3 主な安全性指標

① 流動比率

$$流動比率（\%）= \frac{流動資産}{流動負債} \times 100$$

［意味］企業の一時点における支払手段である流動資産と，支払義務である
　　　　流動負債の比率を見る。

［見方］会社の短期的な支払能力を見る。業種によって異なるが，一般的に
　　　　120％以上が望ましいとされ，コンサルティングの現場では150％以上
　　　　を目指すよう指導している。

図表1−2−4　流動比率

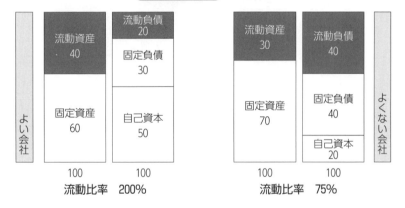

② 当座比率

$$当座比率（\%）= \frac{当座資産}{流動負債} \times 100$$

当座資産 ＝ 現金及び預金 ＋ 受取手形 ＋ 売掛金 ＋ 有価証券

［意味］流動資産の中にはただちに支払手段にはなりにくい棚卸資産なども
　　　　含まれているため，流動資産の中でただちに支払に充てうる現金や預
　　　　金，短期的に回収できる売掛金，売却可能な有価証券などを支払手段

として見たもの。

［見方］会社の短期的な支払能力を見る。流動比率よりもさらに短期的な支
　　　払能力を見る。一般的に100％以上が望ましいとされている。

図表１－２－５ 当座比率

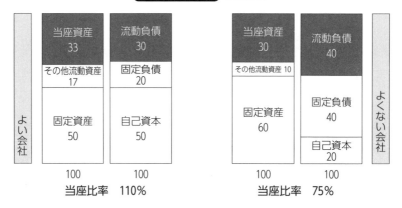

③　固定比率

$$固定比率（\%）= \frac{固定資産}{自己資本} \times 100$$

［意味］建物，設備などの固定資産が，どれくらい自己資本で賄われている
　　　かを測る基準。

［見方］固定資産投資の安全性をみる。本来は返済義務のない自己資本で固
　　　定資産がすべて賄われている状態，つまり100％を下回る状態が理想的
　　　である。

　しかし，現実には固定資産をすべて自己資本で賄っている企業は数少ない。
そこで自己資本に加えて，分母に固定負債も含めるのが次の固定長期適合率で
ある。

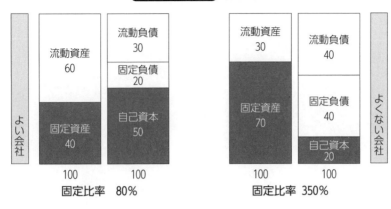

図表1-2-6 固定比率

固定比率　80%　　　　　固定比率　350%

④　固定長期適合率

$$固定長期適合率（\%）＝\frac{固定資産}{自己資本　+　固定負債}×100$$

［意味］固定資産投資の調達資金が自己資本と固定負債の合計でどの程度賄
　　　われているかを測る基準。
［見方］固定資産投資の安全性を見る。100%以下が望ましい。この数字が
　　　100%超であれば短期資金が設備投資に回されていることを意味する。

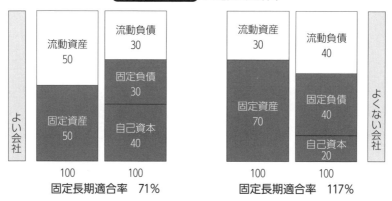

図表 1 - 2 - 7 固定長期適合率

よい会社
固定長期適合率　71%

よくない会社
固定長期適合率　117%

⑤　自己資本比率

$$自己資本比率（\%）= \frac{自己資本}{総資本} \times 100$$

［意味］経営資源のトータルである総資本に占める自己調達分（返済する必
要のない資本）の割合を示す。

［見方］調達資金の安定性を見る。この比率は高いほど健全といえる。

図表 1 - 2 - 8 自己資本比率

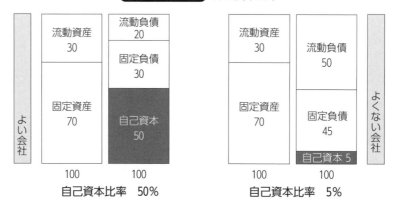

よい会社
自己資本比率　50%

よくない会社
自己資本比率　5%

⑥　貸借対照表の望ましい姿

　安全性指標をまとめて貸借対照表の望ましい姿とそうでない姿を比較してイメージ化すると，図表1−2−9のようになる。面積が金額の大きさを示す。

図表1−2−9　貸借対照表のイメージ

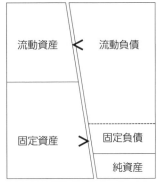

- 流動負債よりも流動資産のほうが大きい
- 固定資産よりも純資産のほうが大きい
- 資本に占める純資産の割合が大きい

図表1−2−10　業種別の安全性指標標

	流動比率 (%)	当座比率 (%)	固定比率 (%)	固定長期 適合率 (%)	自己資本 比率 (%)
全産業平均	190.7	129.7	113.8	63.8	40.1
建設業	207.5	143.8	75.5	48.2	43.0
製造業	203.8	144.2	94.0	58.3	44.3
情報通信業	276.5	217.2	56.4	42.5	57.0
運輸業，郵便業	182.3	151.5	164.0	73.4	33.9
卸売業	168.2	121.5	80.0	53.3	39.6
小売業	177.2	104.8	117.9	63.5	36.6
不動産・物品賃貸業	193.7	93.6	177.7	77.5	35.2

学術研究，専門・技術サービス業	175.1	111.6	104.1	74.8	53.8
宿泊・飲食サービス業	153.4	125.1	463.0	83.7	13.9
生活関連サービス・娯楽業	208.1	161.4	169.0	77.1	37.7
その他サービス業	196.3	159.3	153.3	71.3	35.9

（出所：「令和４年中小企業実態基本調査（令和３年度決算）」より筆者加工）

(5) 儲けの構造とは？（会社の収益性）

　会社の収益性とはまさしく利益を生む力であるが，アプローチの方法はいくつかある。ここに３つの考え方を紹介する。

- いくらの資本・元手を使って，いくらの売上・利益を上げたか➡総資本経常利益率，総資本回転率
- 損益計算書の各利益や費用が売上に対してどのような比率になっているか➡売上高総利益率，販売管理費率，営業利益率，経常利益率など
- 最後に，収支が均衡する点（損益分岐点）が売上高に対してどの水準にあるか➡損益分岐点比率（第２章で解説する）

① 総資本経常利益率

　総資本経常利益率は会社の総合的な収益性を見る第一歩である。この指標を分解すると売上高経常利益率と総資本回転率に分けることができる。すなわち，「利幅」と「回転率」がそれぞれどのように変化しているかを見ることによって，会社の問題点をさらに詳細に分析することができる。

$$総資本経常利益率（\%）= \frac{経常利益}{総資産} \times 100$$

$$= \frac{経常利益}{売上高} \times \frac{売上高}{総資産}$$

$$= 売上高経常利益率 \times 総資本回転率$$

各指標の計算式と意味は図表1－2－11のとおりである。

図表1－2－11 指標の計算式と意味

指標名	計算式（単位）	意味するもの
総資本経常利益率	経常利益÷総資産（％）	利益を生むための資本の効率性を示す。高いほどよい。
売上高経常利益率	経常利益÷売上高（％）	売上高に対する利益率。利幅の大きさ。高いほどよい。
総資本回転率	売上高÷総資産※（回）	売上高計上のために必要な総資産の効率性を示す。高いほどよい。

※　総資産と総資本は等しい金額なので，実務上は総資産を使っている。

これらの指標をさらにブレイクダウンして体系化すると，図表1－2－12のとおりである。

図表1－2－12 総資本経常利益率のブレイクダウン

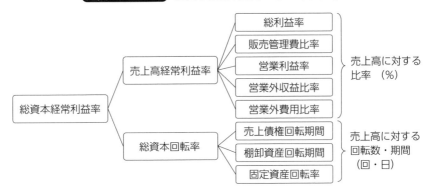

図表1－2－13 業種別の収益性指標

	総資本 経常利益率（%）	売上高 経常利益率（%）	総資本 回転率（回）
全産業平均	4.2	4.3	1.0
建設業	5.3	5.1	1.0
製造業	4.9	5.1	1.0
情報通信業	8.0	7.8	1.0
運輸業，郵便業	2.5	2.3	1.1
卸売業	4.2	2.6	1.6
小売業	3.7	2.2	1.7
不動産・物品賃貸業	3.0	9.2	0.3
学術研究，専門・技術サービス業	5.5	12.3	0.4
宿泊・飲食サービス業	1.4	1.8	0.8
生活関連サービス・娯楽業	1.5	1.6	0.9
その他サービス業	4.3	5.2	0.8

（出所：「令和４年中小企業実態基本調査（令和３年度決算）」より筆者加工）

では，売上高に対する比率の指標から説明する。

図表1－2－14 売上高に対する収益性の指標

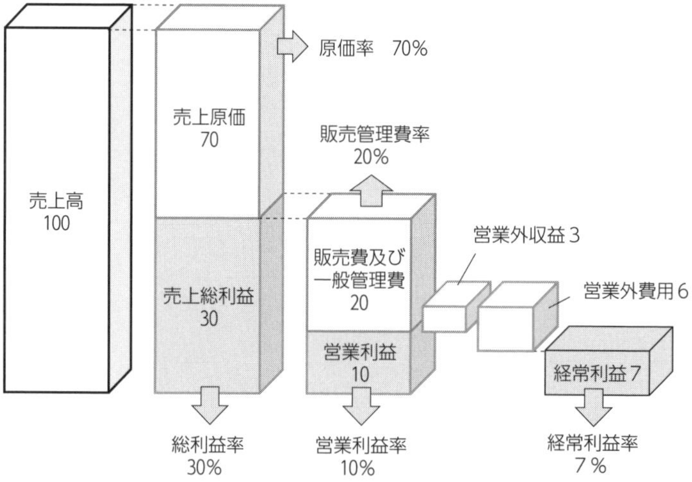

②　売上高総利益率

$$売上高総利益率（％）＝\frac{売上総利益}{売上高} \times 100$$

［意味］売上高に対してどれだけの売上総利益を上げているかを表す。

［見方］「モノ」から生まれる利幅（差益）の割合を見る。この指標は高いほ
どよい。付加価値の高い製品・サービスや他社がまねできない独創的
な製品・サービスは利幅が大きく，逆にどこにでもあるような汎用品
は利幅が小さい。また生産性が高く，低コストで製造できる企業もこ
の比率は高くなる。つまり企業の商品力，商品開発力や生産性の高さ
が表れる指標といってよい。業種・業態間の違いがあることから同業
他社との比較が望ましい。

③　売上高営業利益率

$$売上高営業利益率（％）＝\frac{営業利益}{売上高} \times 100$$

［意味］売上総利益から販売費及び一般管理費を差し引いた営業利益段階で
の利益率を見る指標であり，いわゆる直接的な営業活動によりもたら
された利益を見る。

［見方］企業の営業上の収益力を表す。つまり，商品力に加えて商売の上手
さを示すものである。当然ながらこの指標は高いほどよい。

④　売上高経常利益率

$$売上高経常利益率（％）＝\frac{経常利益}{売上高} \times 100$$

［意味］営業利益に営業外収益を加え営業外費用を控除した経常利益段階の

利益率を見る指標。営業活動に加えて，資金調達など財務活動に伴う
損益も含まれており，企業の総合的な活動による利益率を見る。

[見方] 高いほどよい。10%以上あれば優良企業といわれる。

⑤　売上高販売管理費比率

$$売上高販売管理費比率（\%） = \frac{販売費及び一般管理費}{売上高} \times 100$$

[意味] 売上高に占める販売費及び一般管理費の比率。売上高に対して販売
費や一般管理費をいくら使ったかを表す。

[見方] 営業利益と販売費及び一般管理費は反比例的な関係になる。販売費
及び一般管理費の時系列比較と構成比の分析を行う。この指標が低い
ほど効率的な運営ができているといえる。

⑥　総資本回転率

$$総資本回転率（回） = \frac{売上高}{資産合計（期首期末平均）}$$

[意味] 事業のために投資した資本の投資効率を表す。小さな資本で多くの
売上高を上げると回転率は高くなる。前述のとおり総資本と総資産は
合計が等しいことから実務上は資産合計を使っている。資産合計は期
末簿価ではなく期首期末平均を使うこともある。

[見方] この回転率が高いほど経営効率はよいといえる。この数値が低いと
「メタボ」，つまり資本効率にムダがあるということ。コンサルティン
グの現場では製造業で1.5回転を，小売り・卸売業で2回転を目標にし
ている。

⑦　固定資産回転率

$$固定資産回転率（回）= \frac{売上高}{固定資産残高（期首期末平均）}$$

［意味］固定資産が売上高に対して何回転したかによって固定資産の利用効
　　　　率を測るもの。固定資産が少なく，売上高が多ければ回転率は高くなる。

［見方］総資本回転率と同様に，この回転率が高いほど設備の投資効率はよ
　　　　いといえる。

⑧　売上債権回転期間

$$売上債権回転期間（日）= \frac{売上債権残高（期首期末平均）}{平均日商}$$

　※　平均月商を使って，単位を「月」で表してもよい。

［意味］売上代金の回収速度を表す指標。売掛金，受取手形などの売上債権
　　　　が回収に何日（何ヵ月）かかるかを表す。

［見方］短いほどよい。この指標が短いということは代金回収が早いという
　　　　ことであり，債権の現金化が早く行われていることを意味し，営業
　　　　キャッシュフローの増加につながる。

⑨　棚卸資産回転期間

$$棚卸資産回転期間（日）= \frac{棚卸資産残高（期首期末平均）}{平均日商}$$

　※　平均月商を使って，単位を「月」で表してもよい。

［意味］製品や商品あるいは仕掛品などに投下された資本の効率を見る指標。
　　　　何日分（何ヵ月分）の在庫が滞留しているかを表す。

［見方］効率が良ければ短くなり，悪ければ長くなる。棚卸資産の内訳ごと

（製品，商品，仕掛品，原材料，貯蔵品）の分析が必要である。

※　在庫の金額は原価計算から算出されるので厳密にいえば「売上高」ではなく「売上原価」を使って計算するべきであるが，指標の推移を見るのであれば「売上高」でも問題ない。

⑩　ROE（Return on Equity：自己資本利益率）

$$\text{ROE（\%）} = \frac{\text{当期純利益}}{\text{自己資本}} \times 100$$

［意味］株主（投資家）が投下した資本に対して，企業がどれだけの利益を生み出したかを測る指標。

［見方］この指標が高いほど経営効率が高い。株主が投下した資本が効果的に使われて利益を上げているかどうかを見る指標であり，投資家から重要視される。したがって，株式を上場している企業にとっては重要な指標とされる。一般的に10％以上が望ましいとされる。

［参考］ROEは次のように分解することができる。

$$
\begin{aligned}
\text{ROE（\%）} &= \frac{\text{当期純利益}}{\text{自己資本}} \times 100 \\
&= \frac{\text{当期純利益}}{\text{売上高}} \times \frac{\text{売上高}}{\text{総資本}} \times \frac{\text{総資本}}{\text{自己資本}} \\
&= \text{売上高当期純利益率} \times \text{総資本回転率} \times \text{財務レバレッジ}
\end{aligned}
$$

　　財務レバレッジとは，資本構成の梃子（てこ）を意味しており，他人資本である負債を梃子として使うことで，少ない自己資本で何倍の総資本を構成するかを表したものである。企業が少ない株主資本で多くの利益を上げることができれば，投資効率はよくなる。いわゆる財務レバレッジが効いている状態である。

⑪　ROIC（Return On Invested Capital：投下資本利益率）

$$\text{ROIC}（\%）= \frac{税引後営業利益}{投下資本} \times 100$$

［意味］投下した資本（資産）に対して企業がどれだけの利益を生み出した
　　　かを測る指標。

［見方］企業は投下した資本を使って事業展開する。その事業から得られた
　　　利益は投資家や金融機関に対する利益還元の原資となる。具体的には，
　　　配当金の支払と借入金や社債の支払利息である。さらに，公共サービ
　　　スに対する利益分配として法人税等を支払う必要があることから税引
　　　後の利益を使う。したがって，投下資本を使って利益還元の原資とな
　　　る税引後営業利益をどれほど生み出したかを純粋に表す指標といえる。
　　　そして，後述のWACC（ワック）と呼ばれる加重平均資本コスト以上
　　　の利回りを上げることが企業に求められる水準である。
　　　また，投下資本の求め方には2通りの考え方がある。資金調達サイド
　　　から見た投下資本という考えと，運用サイドから見た投下資本という
　　　考え方である。
　　　　資金調達とは，金融機関から調達した借入金（有利子負債）と投資
　　　家から調達した資金（株主資本）を意味する。したがって，この場合
　　　の投下資本は「有利子負債＋株主資本」となる。
　　　資金運用とは，運転資本（事業の所要運転資金）と事業で使う固定資
　　　産を意味する。運転資本（所要運転資金）は「売上債権＋棚卸資産－
　　　仕入債務」で計算される。したがって，この場合の投下資本は，「運転
　　　資本＋固定資産」＝「（売上債権＋棚卸資産－仕入債務）＋固定資産」
　　　となる。

コラム　　営業循環とキャッシュフロー

　営業キャッシュフローを稼ぐには営業部隊が努力して売上を上げればよいのであろうか。いや，営業キャッシュフローを稼ぐための課題は利益を上げることだけではない。企業は販売代金の回収が完了して初めてキャッシュを手に入れることができる。つまり，原材料の仕入から回収までの期間は資金が在庫や売上債権として眠っていることになる。下図の営業循環を見るとわかるように，製造業の場合，購買部門が原材料を仕入れて工場で製品を製造し，販売部門で販売し，代金を回収し，回収した資金がさらに仕入や労務費に使われて製品ができ上がる。この一連の流れにかかる期間が短ければ短いほど企業の資金負担は少なくなるのである。

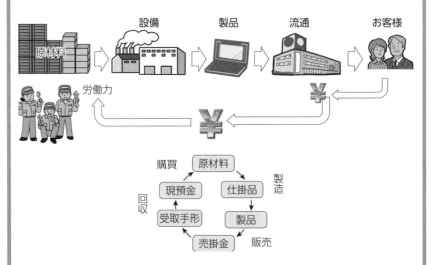

　逆に，各勘定科目の回転日数が多ければ，現金化までの期間が長くなり，資金負担は大きくなる。企業の営業キャッシュフローのうち，こうした運転資本の増減の影響は決して少なくない。キャッシュフロー経営とはあらゆる部門において取り組まなければならない活動である。

⑹　効率のよい企業活動とは？（会社の生産性）

①　付加価値とは

　付加価値とは，企業が事業活動を通して自社の経営資源を使って新たに生み出した価値のことである。『付加』という言葉が示すとおり，企業が外部購入したモノやサービスに企業独自に価値を付け加えたものである。

　付加価値の計算方法には，控除法と加算法の2種類がある。控除法は，売上高から外部購入費用を差し引くことで付加価値を算出するのに対し，加算法は，各種資源の提供者に分配された費用を利益に加算することで算出するものである。

　ａ．控除法

> 付加価値額　＝　売上高　－　外部購入費用

　外部購入費用には，材料費，買入部品費，外注加工費，運送費などがある。

　ｂ．加算法

> 付加価値額　＝　経常利益　＋　人件費　＋　金融費用　＋　賃借料
> 　　　　　　　　＋　租税公課　＋　減価償却費

図表1−2−15 付加価値の算出方法

② **生産性とは**

生産性とは，投入した経営資源に対する成果の大きさを比率で表したものである。

$$\text{生産性} = \frac{\text{アウトプット}}{\text{インプット}} = \frac{\text{成果}}{\text{経営資源}}$$

成果とは売上高や利益・生産量・付加価値などであり，経営資源とは「ヒト」，「モノ」，「カネ」などである。したがって，企業の生産性を測る指標には投入する経営資源の内容によって労働生産性，資本生産性，設備生産性などがある。

その中でも労働生産性は従業員1人当たりの付加価値を指し，企業の生産性を示すものとして特に重視される指標である。また，労働生産性とあわせて付加価値の分配指標である労働分配率も重要な指標である。

労働生産性の指標を分解すると，以下のとおりとなる。

$$\text{労働生産性} = \frac{\text{付加価値額}}{\text{従業員数}}$$

$$= \frac{\text{付加価値額}}{\text{売上高}} \times \frac{\text{有形固定資産}}{\text{従業員数}} \times \frac{\text{売上高}}{\text{有形固定資産}}$$

$$= \text{付加価値率} \times \text{労働装備率} \times \text{有形固定資産回転率}$$

③　労働生産性

$$\text{労働生産性} = \frac{\text{付加価値額}}{\text{従業員数}}$$

［意味］従業員1人当たりの稼いだ付加価値の金額を表す。やはり企業が付加価値を稼ぐには労働力によるところが大きい。生産性の指標として一番重視される指標である。従業員が稼いだ付加価値から従業員に対する賃金やその他経営資源の提供に対する分配を行うことになる。

　　労働生産性をより精緻に見るには，従業員1人・1時間当たりの生産性が適している。この場合は労働生産性と区別して「人時生産性」と呼んだりする。ともに意図するところは同じであるが，実務上企業全体の評価・分析をするには分母で従業員数を使い，活動現場の評価・分析をするのに総労働時間を使うなど使い分けをしてもよい。

［見方］従業員1人当たりの付加価値が高いほど生産性が高いといえる。労働生産性は従業員の持っている技術や知識，業務の習熟度，労働に対する意識が反映される。そのほか，高機能の設備を導入するなど製造現場における省人化の度合いや教育体制などが充実しているといった職場環境にも左右される。

④　付加価値率

$$付加価値率（\%）= \frac{付加価値額}{売上高} \times 100$$

［意味］売上高に対する付加価値額の比率を指す。外部購入費用が少ないほ
ど付加価値率は高くなる。企業が生産活動やサービスの提供過程にお
いて付加した価値の大きさを示すものである。価値とは顧客にとって
の価値（顧客価値）であり，購入者にとっての便益の大きさを示すも
のとなる。

［見方］付加価値率が高いほど生産性が高いといえる。付加価値率が高いと
いうことは他社と差別化された製品・サービスを提供している，ある
いはローコストオペレーションで運営を図れているということが評価
できる。

⑤　労働装備率

$$労働装備率 = \frac{有形固定資産}{従業員数}$$

［意味］従業員1人当たりの有形固定資産の大きさを示す。高性能な機械を
持っているのか，それとも工具を使って手作業で工作するのかによっ
て企業の生産効率は大きく異なる。設備等の有形固定資産を従業員数
で割ることによって合理化の度合いを数値化して示すものである。も
ともと「戦略」という用語は戦争からきていることから，言い換える
と従業員1人当たりどの程度「武器」を持っているかということであ
る。この指標は主に製造業で使う指標である。

［見方］この数値が高いほど合理化が進んでいると考えられる。より高性能
な機械装置や工作機械を多く保有していると自動化が進み，省人化に
つながることから結果的に従業員数は減り，人件費も抑制される。

⑥　有形固定資産回転率

$$有形固定資産回転率（回）＝\frac{売上高}{有形固定資産}$$

［意味］企業が保有する有形固定資産でどれだけの売上高を上げることができるかを示す。機械設備等の有形固定資産の有効活用の度合いを数値化した指標である。

［見方］企業はできるだけ少ない資産で大きな売上高を上げることが望ましい。したがって，有形固定資産回転率の数値は高いほどよいといえる。売上増加につながらない無駄な資産を保有していると，この数値は悪化（低下）する。

⑦　労働分配率と従業員1人当たり人件費

$$労働分配率（％）＝\frac{人件費}{付加価値額}×100$$

［意味］企業が稼いだ付加価値から労働力（労務費・人件費）にどの程度分配したのかを表す指標である。企業は「ヒト，モノ，カネ，情報，公共サービス」といったさまざまな資源やサービスを使って事業活動を展開している。そこには資源やサービスの提供者が存在しており，企業は生み出した付加価値を資源提供者に人件費，施設費，業務費，金利，税金などとして分配している。労働分配率は，付加価値から労働に対する分配がどの程度行われているかを示す指標である。

［見方］経営サイドからすると労働分配率が低いほうが利益は出しやすい。しかし，労働者サイドからすると分配は高いほうが望ましい。したがって，労働分配率は単純に高い／低いを判断するのは難しい。この水準があまりに高いと残りの付加価値から他者への付加価値分配ができずに結果的に赤字となる。しかし，優秀な人材を確保するためには

相応の賃金水準を維持しなければならない。そういうことから賃金水準が業界平均や地域平均以上の水準を上回り，かつ労働分配率が低いという状態が望ましい姿である。そのためにも労働生産性を高めることが重要になってくる。

また，労働分配率は常に「従業員1人当たり人件費」とあわせて見なければならない。

図表1－2－16 業種別の生産性指標

(単位：千円)

	労働生産性	付加価値率	1人当たり人件費	労働分配率
全産業平均	5,810	26.9%	3,624	62.4%
建設業	7,283	27.0%	4,609	63.3%
製造業	6,393	31.5%	4,234	66.2%
情報通信業	6,766	45.8%	4,671	69.0%
運輸業，郵便業	5,485	44.6%	3,928	71.6%
卸売業	7,029	11.4%	4,215	60.0%
小売業	4,148	20.1%	2,683	64.7%
不動産・物品賃貸業	13,173	40.0%	3,727	28.3%
学術研究，専門・技術サービス業	7,014	50.2%	4,352	62.0%
宿泊・飲食サービス業	2,347	55.4%	1,608	68.5%
生活関連サービス・娯楽業	4,336	29.3%	2,563	59.1%
その他サービス業	4,042	54.7%	3,192	79.0%

(出所「令和4年中小企業実態基本調査（令和3年度決算）」より筆者加工)

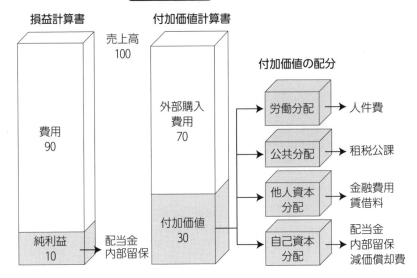

図表1-2-17 付加価値の分配

⑧　その他生産性指標および管理指標

　生産性を評価する指標には，業種によってさまざまなものがある。使った経営資源でどれくらいの付加価値を創出したかということであり，使った経営資源を工夫することでさまざまな管理指標ができるわけである。

　たとえば，営業担当者1人当たりの売上高・粗利やベッド1床当たりの医療収入，1人当たりのピッキング行数，1人当たりの伝票処理件数など活動現場に応じてさまざまな工夫が可能である。

図表 1 - 2 - 18 その他生産性指標・管理指標

業種	指　標	内　容
全業種	従業員1人当たり売上高 売上高÷従業員数	従業員1人当たりの売上高。営業効率を示す。
全業種	資本生産性 付加価値額÷総資本（総資産）	企業が投下した資本（資産）1円当たりに対してどれだけの付加価値を生み出したかを示す。
流通業	GMROI（※） 粗利益率×商品回転率（原価）	投下資本に対する利益率を見る。何を仕入れるのが効率的かを判断するのに役立つ。バイヤーの評価に活用。
	交差比率 粗利益率×商品回転率（売価）	何を売るのが効果的かを判断するのに役立つ。販売評価に活用。
運輸業	車両・トラック1台当たりの営業収入	車両の有効活用の度合いを見る。

※　GMROI：Gross Margin Return On Inventory Investment

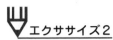
エクササイズ2

　自社の直近2期の経営指標の変化を捉えてその要因を分析してください。

経営指標	X期	X＋1期	変　化	要　因
流動比率				
固定比率				
自己資本比率				
総資本経常利益率				
売上高経常利益率				
総資本回転率				
労働生産性				
付加価値率				
労働分配率				
従業員1人当たり人件費				

第2章

管理会計（経営会計）の基礎

会計マネジメントに必要な知識を理解する

1 管理会計は経営会計

☑ 管理会計は経営の意思決定をするための攻めの会計である。
☑ 管理会計では，企業自身がその制度やルールを自由に設定できる。そして，いかに自社の企業活動に適した制度・ルールにすることができるかが課題となる。

「管理会計」という言葉を聞くと，「何かを管理する」とか「守りの姿勢」といった印象を受けてしまうことがあるが，実際はそうではない。管理会計では部門別・地域別あるいは商品別の採算といった戦略経営のために必要な会計情報を扱うことから，「経営会計」と呼ぶのが相応しいと考える。

ここでは，管理会計の領域の中でも経営計画策定や部門別採算管理に必要な会社の収益構造に重点を置いて述べていく。次章の「経営計画の策定」に備えた基礎知識の場と考えていただきたい。

(1) 管理会計とは

企業の経済活動を外部に報告するための会計を「財務会計」(Financial Accounting) といい，一方で企業の内部に報告するための会計のことを「管理会計」(Managerial Accounting) という。

管理会計は，経営者や管理者に向けて必要に応じて経営に役立つ各種の会計情報を作成し，報告するための会計である。

もう少し簡単にいえば，社長，部長，工場長，店長などの経営管理に携わる人が企業の諸活動を良い方向へ導くために必要な会計情報を提供する仕組みである。

管理会計は，設備投資の計画など意思決定に役立つもの，期間利益計画・予算統制・部門別採算管理など業績の評価に役立つもの，標準原価計算など価格

設定や原価低減に役立つものという具合に，目的に応じたいろいろな使い方が
ある。

　管理会計には，財務会計のような会社法や金融商品取引法などの義務づけが
ないことから，参照する情報リソースは財務データだけに限らない。企業のそ
れぞれが目的に応じて，さまざまな情報の加工・分析を行う一方，人事労務管
理，不動産台帳などの会計システム以外の業務システムやツールなども利用す
ることになる。

(2)　財務会計と管理会計の違い

　財務会計と管理会計とを比較すると，図表2－1－1のとおり利用者，利用
目的，対象期間，ルール，対象単位，情報の性格の面で大きく異なる。

図表2－1－1 財務会計と管理会計の違い

	財務会計	管理会計
利用者	外部利害関係者 （株主・債権者・取引先）	企業内部の経営者・管理者
利用目的	業績情報・投資情報の公開	意思決定，業績評価， 問題解決
対象期間	過去	過去・現在・未来
ルール	［強制的］ 会社法，金融商品取引法， 税法，企業会計原則	［自主的］ 社内ルール
対象単位	企業，企業集団	セグメント（部門・製品）
情報の性格	正確性	合目的性・有効性・迅速性

　財務会計の利用者は外部の利害関係者，いわゆるステークホルダーである。
企業に投資をする機関投資家や融資をする金融機関，その他税務署などが該当
とする。一方で管理会計の場合は，利用者は企業内部の経営者や管理者といっ
た企業内部の人間である。管理者のみならず一般社員も使うことが多々ある。
そして管理会計の一番の特徴は「企業内部で意思決定，問題解決を行うための
材料である」ということがいえる。

　財務会計は外部の利害関係者に情報を提供するという目的から，情報の正確性が最も要求される。一方で管理会計は情報の正確性も重要であるが，それ以上に目的に合っているか（合目的性），効果があるのか（有効性），タイムリーに入手できるのか（迅速性）といった点が重要になる。いくら正確な情報でも3ヵ月も経過してから出てくるような古い情報では，今日の環境変化のスピードに追いつけないことは明白であろう。

　いくら正確な情報でもその結果として得られる効果があまりに小さい場合には，その情報の価値は小さいといえる。たとえば，ある会社では会議のお弁当代金を出席者の所属部署に振り分けているとする。そこで何が起こるかというと，仕出し弁当の1枚の請求書から部門別に10枚の経費伝票が起票され，コンピュータに入力されるのである。確かに部門の損益を正確に出すにはよいかもしれないが，650円の弁当代で部門別の損益がどれほど影響を受けるだろうか？

2 変動損益計算書

要　点
- 管理会計の世界では費用の区分が財務会計の区分とは異なる。
- 変動費は販売量や操業度に応じて比例的に発生する費用であり，固定費とはそれらの変動に関係なく固定的に発生する費用である。
- 売上高から変動費を引いたものを限界利益と呼び，ここから固定費を賄って，残りが企業の利益となる。

　財務会計では，主に費用を使途目的ごとに区分している。つまり，前述のとおり材料や商品の仕入代金や製造にかかったコストならびに経費，販売や管理活動に要した費用といった区分である。一方で管理会計には「変動費」，「固定費」といった区分があり，加えて限界利益といった利益の概念も特徴的である。ここでは，管理会計の世界で使う損益計算書の構成や内容について述べる。

図表2－2－1 財務会計と管理会計の費用区分

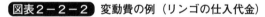

売上高	345,000
変動費	100,000
限界利益	245,000
固定費	200,000
経常利益	45,000

(1)　変動費とは何か

①　変動費とは

　変動費とはまさしく変動する費用である。では，何に対して変動するのだろうか。変動費は売上・販売量や操業度の増減に応じて比例的に増減する費用である。

　たとえば図表2－2－2のリンゴの仕入代金のような，小売業における仕入や，製造業における材料・部品の外部購入費用などである。

図表2－2－2 変動費の例（リンゴの仕入代金）

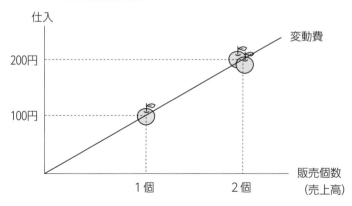

　「どの費用項目を変動費とするのか？」という質問をよく受けるので，業種ごとの典型的な変動費の一覧表を図表2－2－3にまとめている。①(1)で述べたが，管理会計ではルールは社内で作るものであり，企業の実情に応じた勘定科目を変動費として決めればよい。

図表2－2－3　変動費の具体例

業　種	勘定科目	内　容　等
小売業・卸売業	商品仕入高	商品の仕入代金 （製造業でも製品の仕入があれば該当する）
	包装資材費	商品の包装に使う資材の費用
	支払手数料	売上高に応じて支払う販売手数料など
	運搬費	商品の発送に要する運送費
製造業	材料費	製造に必要な材料の購入費
	消耗品費	操業度に応じて増減する消耗品の購入費用
	外注加工費	外注に出した場合の加工費
	燃料費	操業度と燃料消費量の相関関係が強い場合に変動費として扱う。
	使用電力料	工場の電気代のうち使用電力量に応じて請求される料金部分（基本料金は固定費とする）
	運搬費	製品の運搬費，工場と倉庫の間の横持ち運賃
	支払手数料	加工業などで人材派遣会社に支払う派遣費用など
ホテル	料飲原価	調理に使う食材や飲料等の仕入代金
	支払手数料	旅行業者やネットエージェントに支払う販売手数料
	衛生リネン費	寝具類・タオル・浴衣などのクリーニング代
	客室消耗品費	各客室に置かれた消耗品の費用
運送業	燃料費	車両の燃料費
	労務費	乗務員の歩合給の部分

②　変動費の検証

　個別変動費の検証をするときに売上高と当該変動費の相関関係を「見える化」するとよい。コンサルティングの実務でもよく使う。

　図表2-2-4はある製造業の売上高と変動費の5期分のデータである。売上高と変動費を散布図にして近似曲線を入れると，売上高と変動費の関係が比例関係にあることがわかる。そしてグラフにR-2乗値（※決定係数：R^2）を表示すると相関関係の強さが数値化される。つまり，R-2乗値が「1」に近いほど相関関係が強いということである。

　※　決定係数は近似曲線がどの程度当てはまっているかの目安を表し，2種類のデータの相関関係の強さを示すものと捉え，R-2乗値が0.8以上であれば売上高と変動費の相関関係が強いと捉えている。

　　もし，ある費用でこのR-2乗値が0.5以下である場合，その費用は本来変動費であるはずが実際は固定化しているのではないか，何か問題があるのではないかと疑うようにしている。たとえば図表2-2-5の外注費の場合，自社工場で内製できる受注案件であるにもかかわらず，何となくいつもと同じように外注に出しているということもある。

図表2-2-4　売上高と個別変動費の相関関係

（単位：百万円）

	FY1	FY2	FY3	FY4	FY5
売上高	563	616	574	620	599
外注費	92	101	95	102	96

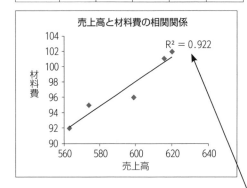

図表２－２－５ 固定化した外注費

(単位：百万円)

	FY1	FY2	FY3	FY4	FY5
売上高	764	822	748	703	698
外注費	25	26	26	25	25

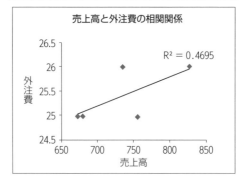

③ **変動費率**

　売上高に対する変動費の比率を変動費率という。財務会計の原価率とよく似た考え方である。変動費の比率が低いほど利益が出やすいといえる。それでは変動費率の低い事業をやれば儲かるかというと、現実の事業を見た場合、それだけでは判断できない。

　たとえば、サンマと宝石の利益率は宝石のほうが高い。では宝石を売るかとなるが、100万円の宝石を道端の屋台で売っても誰も購入しない。それなりに立派な店舗でなければ売れないであろう。

図表2－2－6 サンマと宝石の変動費率の違い

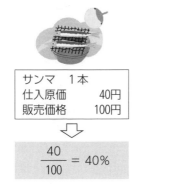

サンマ　1本	
仕入原価	40円
販売価格	100円

$$\frac{40}{100} = 40\%$$

宝石　1個	
仕入原価	30万円
販売価格	100万円

$$\frac{30}{100} = 30\%$$

(2)　限界利益とは

①　限界利益とは何か

売上高から変動費を引いた残りの利益を「限界利益」と呼ぶ。

> 限界利益 ＝ 売上高 － 変動費

限界利益は財務会計の世界にはないもので，損益計算書には出てこない管理会計上の概念である。そして，売上高と利益の関係は次のように表すことができる。

> 売上高 － 変動費 － 固定費 ＝ 経常利益
> ➡ 限界利益 － 固定費 ＝ 経常利益
> ➡ 限界利益 ＝ 経常利益 ＋ 固定費

つまり，限界利益は固定費を賄う利益ということができる。限界利益で固定費を賄い，その残りが利益ということになる。

②　限界利益率とは

限界利益の売上高に対する比率を「限界利益率」と呼んでおり，財務分析の

売上高総利益率や営業利益率と同じように利幅の大きさを表している。当然ながら、この限界利益率の高い企業が収益力は強いのであるが、後述する固定費も含めて収益力の良し悪しを考える必要がある。

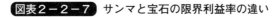

図表2−2−7 サンマと宝石の限界利益率の違い

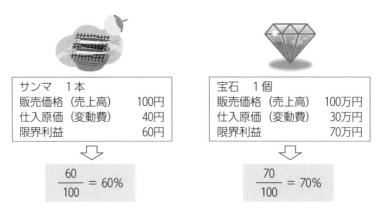

サンマ　1本	
販売価格（売上高）	100円
仕入原価（変動費）	40円
限界利益	60円

$$\frac{60}{100} = 60\%$$

宝石　1個	
販売価格（売上高）	100万円
仕入原価（変動費）	30万円
限界利益	70万円

$$\frac{70}{100} = 70\%$$

(3)　固定費とは何か

①　固定費とは

商店街にとても美味しいラーメン屋があったとする。亭主と奥さんの2人で切り盛りしているが、亭主のこだわりのスープと腕前が受けて繁盛している。ある時、亭主が病気で入院することになり、店を2週間ほど休業することになった。2週間の売上高はゼロである。麺の仕入も発生しない。しかし店の家賃2週間分を大家さんが免除してくれることはない。売上高が仮にゼロになっても家賃は支払わなければならない。他にもリース残があればリース料も契約どおり支払わないといけない。

このように、固定費とは売上高や操業度の増減と関係なく一定額が発生する費用のことである。代表的なものとして減価償却費や固定資産税、人件費などがある。企業の固定費で特に金額の大きいものは労務費・人件費であり、国内中小企業では固定費の約半分を労務費・人件費が占めている。

②　管理可能費と管理不能費

　最近チェーン展開している「たこ焼き屋」をよく見かける。たこ焼き屋チェーンでは，本社で店舗ごとの損益をもとに店長の評価をしているとしよう。

　さて，A店の山田店長は成績を上げるために売上増加だけでなくコスト削減にも取り組もうとする。しかし，店舗の家賃は本社がA店の大家さんと契約しているので店長にはどうにもできない。また，店の設備のリース代や税金，店舗の保険なども同様である。しかし，チラシなどの広告費やアルバイトの人件費は自分で工夫すれば何とかできる。

　このように，固定費にも短期的に減らすことのできない管理不能費と，工夫しだいで削減できる管理可能費に分けることができる。

　管理不能費はコミッテドコストとも呼ばれ，過去の意思決定に起因して発生し，一定期間，一定水準のコストが発生するものである。たこ焼き屋A店の場合，過去の出店という意思決定により家賃が一定額発生するということである。その他具体的には減価償却費，固定資産税，地代，賃借料，リース料などがある。

　一方で管理可能費はマネジドコストとも呼ばれ，経営者や組織の方針や工夫によりコントロールできる費用である。具体的には広告宣伝費，接待交際費，人件費，福利厚生費，研究開発費，事務費などである。

　管理可能費，不能費という概念は部門の評価において重要な概念となる。もし部門・部署の責任者に管理不能費の責任まで持たせるとすると，その責任者のモチベーションの低下につながるおそれが出てくるからである。

③　固変分解

　損益計算書の勘定科目を固定費と変動費に分ける作業を「固変分解」という。企業で管理会計制度の相談を受けていると，変動費とすべきか固定費とすべきかという質問を受ける。答えはケース・バイ・ケースである。ある勘定科目に変動費と固定費が混在している場合もあるだろう。

　精緻さを求めるなら，費用項目ごとに変動費と固定費に厳格に分けて集計す

ることもよい。ただし，かなり煩雑な事務作業が発生することが考えられる。
その管理会計制度の目的を勘案して，管理コストと効果のバランスからどこま
で精緻化するかを判断するべきである。

　たとえば，製造業で「電力料は変動費として扱うべきか」という質問を受け
るが，電力料の金額が大きくて，しかもその変動が比較的大きいという企業では，
工場の使用電力料を変動費として扱い，基本料を固定費として扱うケースもある。

図表２−２−８ 電力料の固変分解（例）

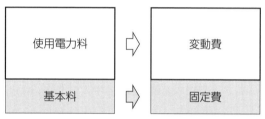

　もう少し簡便な方法として，過去の実績値や理論値でもって一定の割合で変
動費と固定費に割り振る場合もある。たとえば，荷造り運送費の５割を変動費，
残り５割を固定費とする場合などである。

図表２−２−９ 荷造り運送費の固変分解（例）

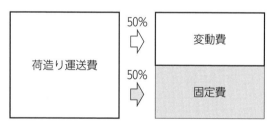

　その他，前述の変動費の検証と同様の方法で図表２−２−10のように表計算
ソフトの散布図グラフを利用して変動費の比率（対売上高）を導くこともでき
るが，実務上は各勘定科目の内容を個別に判断して固変に区分するようにして
いる。経営者がほしいのは関数の数字ではなく，数字の根拠となる活動の具体
的内容であるからである。

図表2－2－10　売上高と総費用の相関関係

	第01期	第02期	第03期	第04期	第05期	第06期	第07期	第08期	第09期	第10期
売上高	62,115	59,722	58,233	55,539	52,366	53,603	56,323	55,765	55,563	52,928
総費用	58,481	57,403	55,190	53,304	51,656	53,294	53,763	55,151	52,677	51,520
経常利益	3,635	2,319	3,043	2,235	710	309	2,560	614	2,886	1,408

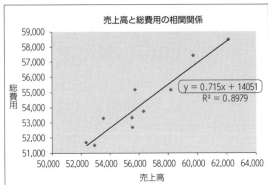

近似直線（線形近似）
「y ＝0.715x＋14051」
⇒ 変動費率：71.5%
⇒ 固定費：14,051

　また，コンサルティングの実務では「疑わしきは固定費」としている。変動費は外部購入費用であることが多く，自力で削減することがなかなか難しいと捉えられがちである。しかも，売上に対する比率で改善の評価をする。したがって，疑わしきは固定費として，○○万円といった実数でコスト削減を促進するほうが収益構造の改善効果も上がりやすい。

　なお，営業外収益・営業外費用についてはどう扱うのがよいか。営業外収支については，固定費として扱う企業もあれば，これらと分けて把握する企業もある。固定費として扱う場合には営業外収益を「費用のマイナス」として認識するので「固定費」＝「売上原価と販売費及び一般管理費の固定費」－「営業外収益」＋「営業外費用」という計算になる。

3 損益分岐点

要　点 ・・

☑ 損益分岐点を分析することで企業の収益構造がわかる。

☑ 損益分岐点や損益分岐点比率の構成要素を活動に結びつけることで，企業
の生産性向上につながる。

・・

　ここでは，収支が均衡する点，もっと砕けた言い方をすると収支トントンと
なる点を見つけて，収益構造を分析する手法について述べる。収支が均衡する
点は一般的に「損益分岐点」と呼ばれ，日常生活などでも使われることもある
が，感覚的に理解していても，その算出方法や企業活動における意義を正確に
理解することはなかなか厄介であると考える経営者の方もいるのではないだろ
うか。損益分岐点分析は企業の生産性向上につながることから，経営者や幹部
社員はこれらの知識を身につけておくべきである。

(1)　損益分岐点とは

①　さかな屋を始めよう

　ある夫婦が脱サラしてさかな屋を始めた。ここでは話を簡単にするために，
扱う商品はサンマだけにする。サンマを市場から1本60円で仕入れてそれを
100円で売ることとする。つまりそのときの利益は1本につき40円である。必
要経費は月額40万円である。この経費40万円は固定費と考えてよい。

　さて，必要経費40万円を稼ぐにはサンマを何本売らなければならないか？

　1本40円の利益で経費40万円分を稼ぐのだから…，40万円÷40円＝1万本売
ればよい。つまり100万円の売上高である。1万本売れば，売上高は100万円で
儲けは40万円となり必要経費40万円を引くと残った利益はちょうどゼロになる。

　これを管理会計として捉えてみるとどうなるか。

売上	1万本	→	売上高	100万円
仕入	60万円	→	変動費	−60万円（変動費率60％）
儲け	40万円	→	限界利益	40万円（限界利益率40％）
必要経費	40万円	→	固定費	−40万円
利益	0円	→	利益	0円

つまり限界利益＝固定費の状態が利益「0」，収支トントンの状態となる。そして，その時の売上高が損益分岐点売上高である。

図表2−3−1 損益分岐点売上高のイメージ

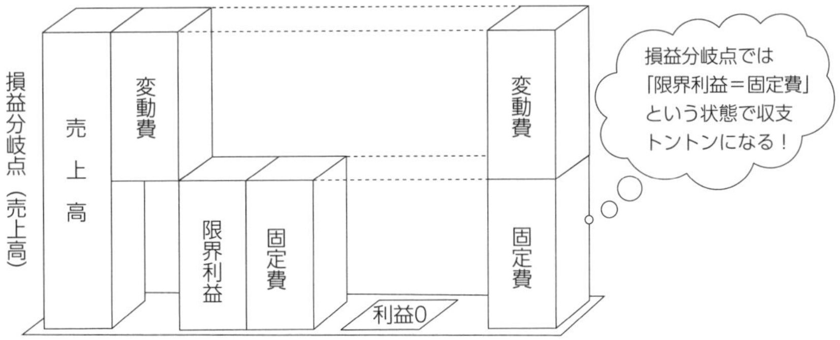

② **損益分岐点売上高の求め方**

前述のとおり，損益分岐点では限界利益から固定費を引くとゼロになる，つまり限界利益＝固定費の状態であるから，固定費の額を限界利益率で割ることで損益分岐点売上高が算出される。

ここで少し，中学校で習ったことを思い出してみる。

売上高が100円で利益率が10％なら利益は10円である。つまり100円×10％＝10円である。それでは20円の利益を得るためにはいくら売ればよいか？　もちろん20円÷10％＝200円である。これはX×10％＝20円，したがってX＝20÷0.1＝200円である。つまり利益を利益率で割り戻すと必要な売上高がわかる。それなら，損益分岐点売上高も必要な限界利益を限界利益率で割り戻すと簡単に

計算できる。そして損益分岐点における必要な限界利益とは固定費の額であるから，固定費の額を限界利益率で割り戻すことで損益分岐点売上高が計算されるというものである。

図表2－3－2 損益分岐点売上高の算出イメージ

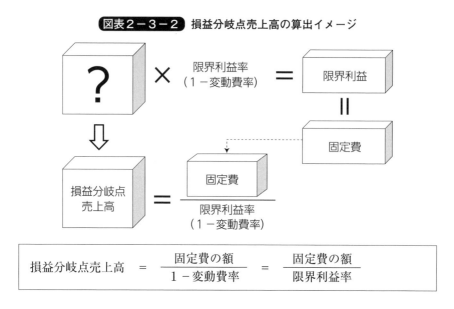

$$損益分岐点売上高 = \frac{固定費の額}{1-変動費率} = \frac{固定費の額}{限界利益率}$$

③ 利益図表を使って損益を見る

収益の構造を見るのに「利益図表」を使うと理解しやすい。利益図表は固定費・変動費，売上高をグラフ化したものである。作成手順は以下のとおりである。

a．固定費線を引く

横軸に売上高，縦軸に費用・収益の金額としてグラフを作成する。固定費は売上高に関係なく発生するので，売上高0から自社の固定費額の高さで固定費線を水平に引く。

図表２－３－３　固定費線を引く

収益・費用の金額

固定費線

固定費

販売量・操業度

b．変動費線を引く

　変動費は売上高に応じて比例的に増加するので斜めの変動費線を固定費線の上に乗せる形で引く。固定費と変動費の合計が総費用であるので，変動費線の高さは総費用を示す。

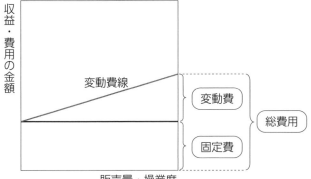

図表２－３－４　変動費線を引く

収益・費用の金額

変動費線

変動費

総費用

固定費

販売量・操業度

c．売上高線を引く

　売上高を表す線として原点から斜め45度に直線を引く。売上高線と総費用の線が交わる点が損益分岐点である。それより右側が利益を示し，左側が損失を示す。

58

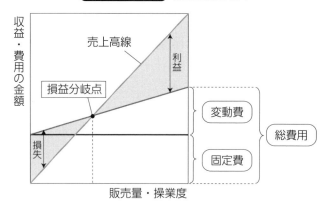

図表２－３－５ 売上高線を引く

収益・費用の金額

売上高線

損益分岐点

利益

変動費

固定費

総費用

損失

販売量・操業度

(2) 損益分岐点比率と安全余裕率

① 損益分岐点比率とは

損益分岐点売上高がわかると，実際の売上高に対して損益分岐点がどの水準にあるのかということが重要になる。裏返すと損益分岐点に対して実際の売上高がどの水準にあるのか，さらには，どの水準を目指していくのかということに関心がいく。

損益分岐点比率とは，実際の売上高に対して損益分岐点売上高がどの水準にあるのかを比率を使って指標にしたものである。そして計画策定においては目指すべき指標の１つとして重要なものとなる。

② 損益分岐点比率の求め方

損益分岐点比率は売上高に対する損益分岐点売上高の比率であるから，次のようにして求められる。

$$損益分岐点比率（\%）= \frac{損益分岐点売上高}{実際の売上高} \times 100$$

損益分岐点比率が低いと売上が減少しても赤字になりにくい。つまり損益分

岐点比率は100％を下回って低いほうがよいといえる。逆にこれが100％を超えるということは赤字を意味する。

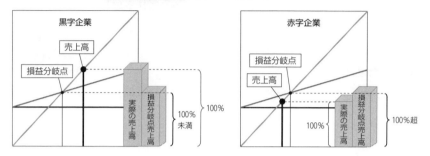

図表2－3－6 損益分岐点比率のイメージ

③　**安全余裕率（経営安全率）**

　安全余裕率とは，損益分岐点比率の裏返しの考え方である。損益分岐点比率は売上高に対して損益分岐点売上高がどの水準にあるかを示すものだが，安全余裕率は売上高と損益分岐点の差を売上高に対する比率で示したものである。つまり，あといくら売上が減少しても赤字にならないという売上高の余裕を示すものである。たとえば，損益分岐点比率が80％であった場合，あと20％売上が減少しても赤字にならない収益構造ということである。

図表2－3－7 安全余裕率の具体的イメージ

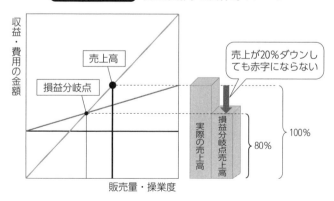

安全余裕率の計算式は以下のようになる。

安全余裕率（％）＝ 1 － 損益分岐点比率

安全余裕率は「経営安全率・経営安全度」と呼ばれることもあり，損益分岐点比率よりもこの指標を重視し，社内共有している企業もある。

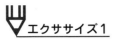
エクササイズ1

自社の直近2期の損益分岐点比率の変化を捉えて，その要因を分析してください。

科　目	X期	X＋1期	変化	要　因
売上高				
変動費				
うち仕入高				
うち〇〇				
限界利益				
(限界利益率)	(　　)	(　　)	(　　)	
固定費				
うち人件費				
うち減価償却費				
うち〇〇				
経常利益				
損益分岐点売上高				
損益分岐点比率				
安全余裕率				

| コラム | 損益分岐点比率（安全余裕率）の望ましい水準 |

国内の中小企業の平均的な損益分岐点比率は95％程度である。

これが80％以下であると優良企業といわれる水準であろうが，実際の中小企業のコンサルティングの現場では100％に近いか，100％を超えているケースが圧倒的に多い。

経営者には，「まず90％代前半を目指しましょう」と助言しているが，過去に「売上高が半分になっても黒字を出せる企業にしたい」という社長に出会ったことがある。当時はまだ売上規模もそれほど大きくない貿易商社であったが，縁あってM＆Aのお手伝いをさせていただいた。

M＆Aを成功させた後の業績は順調に伸び，その目標を達成したようである。今では株式上場も果たして順調に事業を行っておられる。その会社の成功要因は，自社の強みを活かして事業領域を1つに絞り，そこに経営資源を集中する戦略を取ったことである。

しかし，私は一番大きな成功要因は夢を実現するという社長の熱い情熱であると思っている。当時食事をご一緒しながら熱く，かつ，冷静に語られた姿を思い出す。

明確な戦略とシンプルな目標，そして熱い情熱が成功に導いたのである。そしてシンプルな目標の1つに損益分岐点比率があったことは，当時若かった私も何となく聞いていたが，今となってはとても大切な指標であったこと，社長がそれを重視していたことに改めて感心している。

4 収益構造の改善

要　点・・
- ☑ 企業の収益構造は損益分岐点分析から評価される。そして収益構造は売上
  高規模，限界利益率，固定費額の３つの要素から規定される。
- ☑ 収益構造の改善には３つの活動，４つの視点がある。

・・・

　ここでは企業の収益構造を管理会計の考え方から考察し，企業の大きな経営
課題の１つである「収益構造の改善」について考える。収益構造を規定する要
素は何か，そして収益構造を改善するにはどのような視点で活動をするべきな
のかについて体系立てて述べる。

(1)　企業の収益構造

　企業の収益構造は，「売上高の規模」，「限界利益率」，「固定費の額」によっ
て規定される。収益構造を分析するとは，Cost：原価，Volume：生産量・売
上，Profit：利益の関係を分析することにより損益分岐点を計算して，その水
準を評価することが大きなポイントである。

図表２－４－１ 収益構造を規定する要素

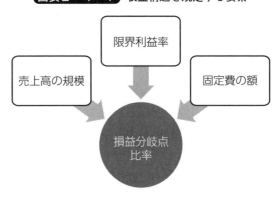

①　黒字企業の収益構造

売上高から変動費を引いた限界利益でもって固定費を賄っており，損益分岐点比率が100％を切っている状態である。

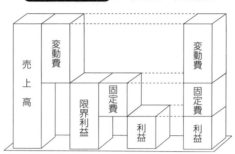

図表2－4－2　黒字企業の収益構造

②　収支均衡企業の収益構造

限界利益から固定費を引くとゼロ，つまり収支均衡の状態である。この状態では限界利益と固定費は等しくなる。収益構造を評価する上でこの収支均衡の状態を損益分岐点にある状態という。

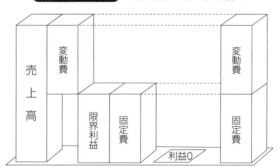

図表2－4－3　収支均衡企業の収益構造

③　赤字企業の収益構造

限界利益よりも固定費が多い状態で，固定費が限界利益をオーバーした部分が赤字の金額である。基本的に固定費が大きすぎることが要因であるが，売上

高が少ない場合や，変動費率が高いことも考えられる。

図表２－４－４ 赤字企業の収益構造

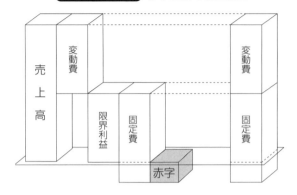

つまり，企業の儲けの構造を数値で表すと企業の収益構造となる。

図表２－４－５ 収益構造と損益分岐点

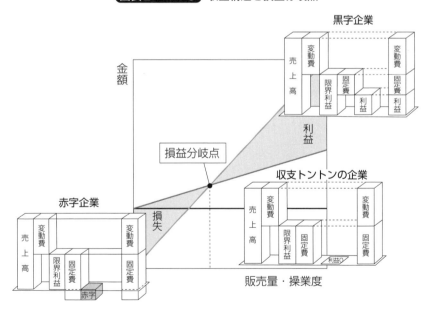

(2)　収益構造の改善

　「利益を増やすにはどうすればよいか」の問いかけに対して，「うーん」と考え込む経営者，「それは難しいね。今は○○だから」と言い訳を考える経営者，思い付きで箇条書きのようにバラバラと意見を述べる幹部社員…とさまざまな反応がある。

　企業が利益を増やすための活動には，大きく分けて以下の3つが考えられる。それは収益構造を規定する3つの要素からアプローチするものである。いわれてみれば当たりまえのように思えるが，意外と体系立てて検討している企業が少ないのである。

　①　売上高を増やす

　②　変動費率を下げる（限界利益率を上げる）

　③　固定費を減らす

　もちろんいずれか1つというわけではない。これらの組み合わせもある。しかし，企業が明確な経営戦略に基づいて事業展開をする場合には，かなり的を絞った活動を取るケースが多い。

　たとえば，ある程度固定費を増やして売上拡大や市場シェアアップを図るといったことや，高機能の設備を導入し生産性を上げる，あるいは徹底的な合理化で固定費を減らすといった具合である。

①　売上高を増やす

　売上高を上げることで損益分岐点を超えると利益が増える。しかし，限界利益率，固定費は変わらないので損益分岐点売上高は変わっていない。そういう意味では収益構造そのものは変わっていないともいえる。

図表２－４－６ 売上高を増やす

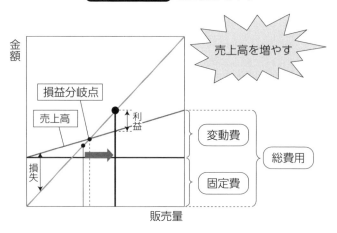

② **変動費率を下げる（限界利益率を上げる）**

　変動費率を引き下げることで損益分岐点を引き下げる。原材料費を抑えることや，素材や設計を変更することなど，さまざまな検討が行われる。

図表２－４－７ 変動費率を下げる（限界利益率を上げる）

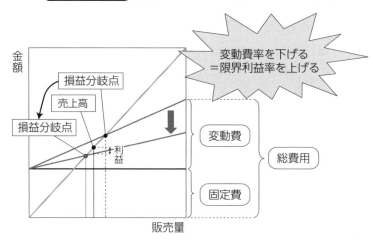

③　固定費を減らす

固定費を抑制することで，損益分岐点を引き下げる。固定費の削減は全額利益の押し上げに直結することから即効性がある。しかし，縮小均衡にならないよう留意したい。

図表2−4−8　固定費を減らす

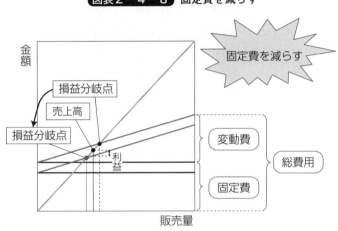

④　収益構造改善の4つの視点

収益構造の改善に向けた活動は4つの視点で捉えることができる。売上拡大と費用削減，規模の拡大・縮小，質と効率の向上である。

売上は単価×数量と分けることができる。単価アップは質の向上や付加価値の向上で可能となる。高付加価値化，選択と集中，絞込みといったことがキーワードではないだろうか。数量アップは，新商品の発売，新市場の開拓，新規顧客の開拓，既存顧客のシェアアップといったことがキーワードとなろう。

変動費の削減では，設計の見直しや仕入単価の引下げ交渉，代替材料の検討，歩留り改善，仕入先の開拓などが考えられる。ただし，変動費は売上高に対する比率で捉えるべきであって，正確には「変動費率ダウン」である。

固定費削減では，多能工化による労務費削減，費用の変動費化，業務改善・組織の統廃合による間接人件費の削減などさまざまな取組みが考えられる。

図表2-4-9 収益構造改善の4つの視点

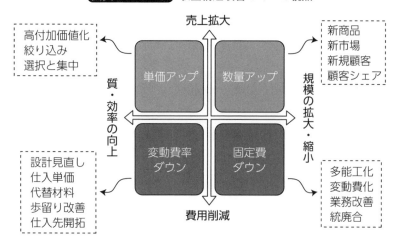

　以上をまとめると，収益構造を改善する3つの活動と4つの視点は以下のとおりである。

- 利益を増加させる3つの活動
  - ──売上増加の活動
  - ──変動費率の引下げ（限界利益率の引上げ）
  - ──固定費の削減
- 4つの視点
  - ──単価アップ
  - ──数量アップ
  - ──変動費率ダウン
  - ──固定費ダウン

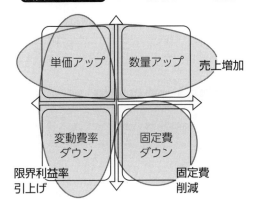

図表２－４－10　３つの活動と４つの視点

収益構造の改善を４つの視点で具体的に示す。ただし，固定費ダウンを10%ダウンと10%変動費化に分けて計算している。

図表２－４－11　５つの収益構造改善

単位：百万円

	現状	変動費 10%ダウン	販売数量 10%アップ	販売単価 10%アップ	固定費 10%ダウン	10%変動費化
売上高	1,000	1,000	1,100	1,100	1,000	1,000
変動費	600	540	660	600	600	635
限界利益	400	460	440	500	400	365
固定費	350	350	350	350	315	315
利益	50	110	90	150	85	50
限界利益率	40.0%	46.0%	40.0%	45.5%	40.0%	36.5%
損益分岐点	875	761	875	770	788	863
損益分岐点比率	87.5%	76.1%	79.5%	70.0%	78.8%	86.3%
効果の大きさ順位		②	④	①	③	⑤

単価アップは数量アップ以上に利益をアップさせ，損益分岐点比率を低くす

る。つまり，値上げは収益構造改善に大きく寄与するが，安易な値下げは収益構造を悪化させるのである。

固定費を変動費化するだけでは利益は変わらないが，損益分岐点比率は低下する。

図表2−4−12 業種別の変動費・固定費・経常利益

(単位：％)

| | 変動費 | 限界利益 | |
		固定費	経常利益
全産業平均	58.6	37.1	4.3
建設業	57.0	37.8	5.1
製造業	53.4	41.5	5.1
情報通信業	29.1	63.2	7.8
運輸業，郵便業	32.4	65.3	2.3
卸売業	80.2	17.2	2.6
小売業	65.5	32.3	2.2
不動産・物品賃貸業	40.5	50.3	9.2
学術研究，専門・技術サービス業	29.5	58.3	12.3
宿泊・飲食サービス業	28.8	69.4	1.8
生活関連サービス・娯楽業	55.6	42.8	1.6
その他サービス業	25.9	68.9	5.2

(出所：「令和4年中小企業実態基本調査（令和3年度決算実績）」より筆者加工)
※　変動費＝商品仕入原価＋材料費＋外注費＋運賃荷造費＋販売手数料

図表2−4−13 業種別の収益構造

(単位：千円，%)

科　目	全産業	建設業	製造業	情報通信業	運輸業	卸売業	小売業	宿泊・飲食サービス業
売上高	327,506	253,806	495,125	219,156	436,128	843,220	292,042	105,198
変動費	191,906	144,788	264,577	63,720	141,349	676,068	191,155	30,252
固定費	121,665	96,032	205,293	138,427	284,728	145,299	94,448	73,014
経常利益	13,935	12,986	25,255	17,008	10,051	21,853	6,439	1,932
限界利益	135,600	109,017	230,548	155,436	294,778	167,152	100,887	74,946
限界利益率	41.4%	43.0%	46.6%	70.9%	67.6%	19.8%	34.5%	71.2%
損益分岐点売上高	293,849	223,573	440,887	195,175	421,257	732,981	273,402	102,486
損益分岐点売上高比率	89.7%	88.1%	89.0%	89.1%	96.6%	86.9%	93.6%	97.4%

(出所：「令和4年中小企業実態基本調査（令和3年度決算実績）」より筆者加工)

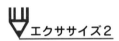

エクササイズ2

自社の収益構造の改善について検討してください。

活　動	具 体 策
売上の拡大	
変動費率の引下げ	
固定費の抑制	

第3章

経営計画の策定

経営の羅針盤・青写真をどう描くか

1 経営戦略と経営計画のあり方

要　点 ‥‥‥‥‥‥‥‥‥‥‥‥‥‥‥‥‥‥‥‥‥‥‥‥‥‥‥‥‥‥‥‥

☑ 経営計画は経営戦略を具現的に表したものであり，戦略と計画には整合性がなくてはならない。

☑ 企業は経営計画の目的をしっかり認識しておかなければならない。

‥‥‥‥‥‥‥‥‥‥‥‥‥‥‥‥‥‥‥‥‥‥‥‥‥‥‥‥‥‥‥‥‥‥‥‥‥‥

　経営計画の策定には管理会計の概念が重要な役目を果たす。経営計画を策定するにはその土台となる経営戦略が必要である。そして経営戦略の構築には企業の現状認識とビジョンの明確化が必要である。また経営計画が単なる「画に描いた餅」にならないよう，その目的をしっかり認識しておく必要がある。ここでは経営戦略とはどのようなものか，そして経営計画と経営戦略との関わり，経営計画の目的について述べる。

(1) 経営戦略と経営計画

①　2つのギャップ

　図表3-1-1に示すとおり，企業の「現在の姿」と「将来のありたい姿」にはギャップがある。このギャップには売上高，利益，剰余金の額など，数値で表すことが可能な定量的なギャップと企業の体質，組織風土や働く人の質や意識など数値で表すことが難しい，あるいは不可能な定性的・質的なギャップとがある。

　定量的ギャップにはその他にも市場シェアや財務指標，株主への配当などさまざまなギャップがある。また定性的ギャップにも「社員のワークライフバランス」や「女性が活躍しやすい会社」など，現状をどのように変えたいかということがギャップとして存在するなど千差万別である。

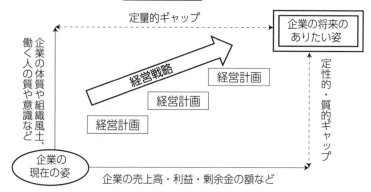

図表3－1－1　経営戦略

定量的ギャップ

企業の将来の
ありたい姿

企業の体質や組織風土、働く人の質や意識など

経営戦略

経営計画

経営計画

経営計画

定性的・質的ギャップ

企業の
現在の姿

企業の売上高・利益・剰余金の額など

② 　現状認識とビジョン

　さて，少し遡って現状認識とビジョンについて述べたい。図表3－1－2に示すとおり，まず現在地＝「企業の現状」を知ること，そしてゴール＝「将来のありたい姿」すなわち将来の「企業ビジョン」を描くことができないと現状とのギャップがわからない。ギャップがわからないと，それを埋めるための経営戦略やその実行計画（経営計画）を立案することはできない。

　経営計画を策定するには，まず企業の現状を知ることが必要な工程となる。登山でたとえると，現状認識は現在地の把握である。つまり，今自分がどこに立っているのかを知ることである。登山の遭難事故で一番の原因は，自分がどこにいるのかがわからなくなることらしい。

図表3－1－2　現在地の把握

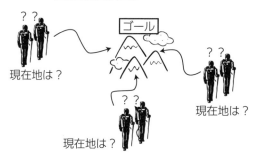

？？

現在地は？

ゴール

？？

現在地は？

？？

現在地は？

現在地がわかると，次に目指すべきゴールを決めなければならない。登山でたとえると，どこを目指すのかを決めることである（もちろん実際の登山は最初に目的地を決めるのであるが）。

図表３－１－３ ゴールの決定

③　戦略と計画

　現状の姿とありたい姿（ビジョン）が明確になると，両者のギャップをどのように埋めて「ありたい姿」に接近していくのか，その大きな道筋を示す方策が経営戦略である。登山でたとえると，現在地とゴールが明確になり，そこにたどり着くためのルートを決めることである。

図表３－１－４ 戦略の決定

　さらにその戦略を実行可能な段階にまで詳細を詰めて具体化したものが，経営計画である。したがって，経営戦略に基づいて経営計画は策定されることに

なる。ありたい姿としての「ビジョン」と経営戦略・経営計画との間には整合性と一貫性がなくてはならない。

(2) 経営計画の策定の目的

経営計画策定の役割には大きく次の3つが考えられる。1つは経営の羅針盤となること，次に目標の共有と経営参画意識の醸成，そしてもう1つはステークホルダー対策である。

① 経営の羅針盤

経営計画は，経営者と管理職が半期・年度ごとに目標の進捗管理を実施し，組織を同じ方向にリードしていくベクトル合わせの経営管理ツールである。

計画期間中に事業展開領域をどこまで拡げ，あるいは絞り込み，数値目標をどの程度まで持っていくのか。目標達成のために必要な要員計画ならびに投資計画など経営資源の投入をどのように行っていくのかなどを盛り込んだ時間軸のあるロードマップである。

図表3-1-5 経営の羅針盤

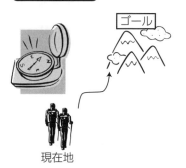

ゴール

現在地

② 目標の共有と経営参画意識の醸成

経営計画の策定は経営者・各部門・個人で共有する目標設定の機会である。全社目標の決定から部門目標へのブレイクダウンやボトムアップでの目標の積み上げなど，トップマネジメント層と部門間とのコミュニケーションツールと

いうこともできる。そこでは目標設定に関する真剣なやり取りが行われる。

　一方的に押し付けられた方針や目標に対しては人はなかなか動かないものである。従業員が経営計画や部門計画の作成プロセスに参加することによって，経営参画意識が生まれ，目標達成へのモチベーションも違ってくるはずである。

③　ステークホルダー対策

　企業の中長期的なビジョンや戦略目標など，進むべき方向と目標を開示することで株主・取引先・社会の理解を得て，その計画を達成することで強い信頼関係が構築される。

　企業が中期経営計画で会社の方向性や戦略などについて情報公開するのは投資家に対して自社のことを理解してもらい，自社への投資を促すためであり，また既存の株主からの要請にも応えると同時に，引き続き安定した株主として理解と協力を求めるものである。

　業績の不振な企業は，融資を受けている銀行から中期経営改善計画の提出を求められることがある。銀行は融資先の改善計画を認めて返済条件の変更などの金融支援策を講じるのだが，銀行は特に数値面への関心が強く，しっかりした根拠に基づく数値計画が求められる。また，その進捗チェック，いわゆるモニタリングについても主として数値目標の達成状況を問われる。

② 計画策定の流れ

要　点
- ☑ 経営計画の策定には，企業理念・ビジョン➡戦略➡計画➡行動計画という流れがあり，そこには一貫したストーリーがなくてはならない。

　ここでは，計画策定までのステップを説明しておく。計画は戦略がないとできないし，戦略にはどこを目指すのかというビジョンが必要であり，ビジョンの支えとなる根っこの部分は企業理念である。このような上位概念から行動計

画策定までの全体の流れと関連性について述べる。

図表3－2－1　計画策定のステップ

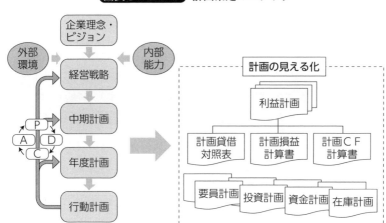

⑴　企業理念から経営戦略

　まず企業の長期的な目的である経営理念や将来のありたい姿としてのビジョンがあり，外部環境や内部能力の分析を踏まえて，ビジョンを達成するための経営戦略を立てる。大切なことは，そこにストーリー性が必要であるということである。ストーリー性とは，一貫性があり上下の概念に互いに矛盾がなく，整合性があるということである。

⑵　経営戦略から中期経営計画（3ヵ年計画や5ヵ年計画）

　抽象的なコンセプトを具体的な活動に置き換える工程といえる。経営戦略は自社の『戦う土俵』を決めることで，「何をやって，何をやらないか」といった比較的，抽象的な概念を具体的な活動レベルに落とし込んだものが中期経営計画である。

　たとえば「新規事業で売上を増やそう」というだけではあまりに漠然としていて，社内の人間はどのように動いてよいのかわからない。そこで，どのよう

な事業で，誰に対して，どのような価値提供を行うのか，そしてどのように提供するのか，いつから始めるのか…といった具体的な活動に結びつけて定義をしていく必要がある。これが戦略の計画化である。

(3) 中期経営計画と利益計画

中期経営計画は「どのような活動をするのか」を明確にしているものであるが，それをさらに数値化したものが利益計画である。利益計画は主として会計情報であるが，その他にも活動指標や成果指標などの業績評価指標も数値の根拠として使われる。一般的に中期経営計画と利益計画は同時に作成されて一体として「中期経営計画書」としてまとめられることが多い。

(4) 中期経営計画から単年度計画

3年から5年の中期経営計画・利益計画を単年度の年度計画に落とし込む。一般的に単年度計画とは初年度の1年間の計画を月次までブレイクダウンした

図表3−2−2 中期利益計画から単年度計画へ

	実績	計画				
	00年度	01年度	02年度	03年度	04年度	05年度
売上						
売上原価						
売上総利益						
…						
…						
当期純利益						

●●部門	4月	5月	6月	…	…	…	3月	通期
売上								
変動費								
限界利益								
限界利益率								
固定費								
うち人件費								
…								
経常利益								

ものであり，その計画に基づいて月次の進捗チェックが行われる。したがって，単年度計画は管理会計ベースで部門別に作られることが望ましい。

⑸　行動計画（実行プラン）

年度計画が明確になると，次に経営層から現場の行動計画へと作業は移る。各部署では目標達成のための具体的施策が検討され，決定するとそれらを行動計画にまとめる。

③ 中期経営計画の内容

要　点　• •

☑　中期経営計画に盛り込まれる主な内容は以下のとおりである。
- 企業概要
- 環境分析
- 経営基本方針
- 中期経営計画の基本方針
- 目標達成に向けた戦略と具体策
- 数値計画
- 行動計画（実行プラン，アクションプラン）

• •

中小企業のコンサルティングの現場では，実際に経営計画を作ったことがないという企業が多く存在する。社長から「どのように作ったらよいのか？」，「何を書けばよいのか？」という質問を投げかけられることもよくある。ここでは中期経営計画に盛り込まれる主な内容を説明する。

⑴　企業概要

会社の事業内容，資本金や従業員数，株主構成，沿革などを記載する。関係者の間ですでに公知となっている場合は省略することもある。コンサルティン

グの現場では，健康診断のように最初に企業診断として現状を分析し，経営課題と課題解決の方向性を提言する報告書を別途作成するケースが多い。

記載する内容は，おおむね以下のとおりである（図表3－3－1を参照）。

- 企業の沿革
- 所在地
- 設立年月日
- 資本金
- 直近の年商
- 事業内容や取扱い品目の内容と売上構成比
- 免許・資格・特許の保有状況
- グループ企業（会社名，業種，企業との関係）
- 役員構成
- 従業員の人員構成
- 主要仕入先と販売先
- 組織図

図表3－3－1 企業概要表（例）

企業概要表

1．沿革

年月日	内　容

2．概要

所在地								
設　立			資本金		千円	年　商		千円
業　種								
事業内容			%				%	
（取扱品目）			%				%	
経審・ISO・特許等								
グループ企業								

株主		名						
（氏　名）	（持株数）	（比　率）	（関　係）		（氏　名）	（持株数）	（比　率）	（関　係）

役　員		名	（常　勤）		名	（非常勤）		名
（氏　名）	（役　職）	（年　齢）	（持株数）		（氏　名）	（役　職）	（年　齢）	（持株数）

従業員（人員構成）		名	（男　性）		名	（女　性）		名
（部　門）	（男　性）		（女　性）		（合　計）		（うち有資格者）	
		名		名		名		名
		名		名		名		名
		名		名		名		名
		名		名		名		名
		名		名		名		名
		名		名		名		名
		名		名		名		名

仕入先		%	販売先 （受注先）		%
		%			%
		%			%
		%			%
		%			%
		%			%
		%			%

(2) 環境分析

　外部環境と内部環境について分析したものを記載する。環境分析で使う主なフレームはマクロ分析ではPEST分析，ミクロ環境では5フォース分析，3C分析を使うと整理しやすい。

図表3-3-2 環境分析のフレームワーク

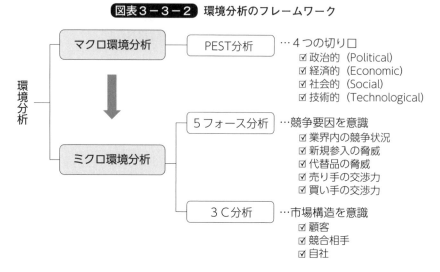

　内部環境についてはポーターのバリューチェーンを使うことで漏れなくダブりなく整理することができる。内部環境の分析では企業の強みと弱みは何かという視点で分析する。

① PEST分析

　企業を取り巻くマクロ環境のうち，現在ないし将来の事業活動に影響を及ぼす可能性のある要素を把握するため，PESTのフレームワークを使って外部環境の変化を洗い出してそれらが経営に与えるインパクト（影響度）を分析する。PEST分析は経営戦略策定以外にも事業計画の立案やマーケティングにおけるマクロ環境分析にも使えるツールである。

　PESTとは，政治的（P＝Political），経済的（E＝Economic），社会的（S＝Social），技術的（T＝Technological）の頭文字をとったもので，マクロ環境を網羅的に見ていくためのフレームワークである。PEST分析では，この4つの視点で外部環境に潜む自社へのプラス要因やマイナス要因のインパクトを整理し，その影響度を評価していく。

図表3－3－3 PEST分析の環境要因（例）

PEST要因	環境要因の例
政治的要因 (Political)	• 法規制（規制強化・緩和） • 税制 • 裁判制度，判例 • 政治団体の動向 • 外交
経済的要因 (Economic)	• グローバル経済 • 景気動向，産業構造 • 経済成長率 • 物価（インフレ・デフレ） • 金利・為替・株価の動向
社会的要因 (Social)	• 自然環境 • 人口動態 • 世論，流行 • 教育水準 • 治安，安全保障
技術的要因 (Technological)	• 技術の進歩 • 新たな技術の普及 • 発明，特許

②　5フォース分析

　ミクロ環境分析で使えるフレームに5フォース分析がある。ポーターが提唱したもので，5つの競争要因について以下のようであれば，その業界の潜在的な平均利益率が高くなる，つまり「魅力的な業界」としている。

　• 既存企業間の敵対関係（競争状況）が弱い

　• 新規参入の脅威が小さい

　• 買い手の交渉力が弱い

- 売り手（供給業者）の交渉力が弱い
- 代替品の脅威が小さい

図表３−３−４ 5フォース分析

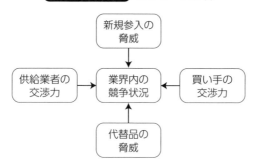

③　3C分析

　3C分析は「戦略の3C」ともいわれる経営戦略を検討するうえでのフレームワークであるが，現状分析にも使える有効なものである。3Cは顧客（Customer），競合相手（Competitor），自社（Company）の英語の頭文字をとっている。自社がターゲットにしている市場（顧客）はどこ（誰）なのか，自社の強みと弱みは何か，提供する価値は何か，そして競合相手はどこなのか，競合相手の強みはどのようなもので，弱みはどのようなものなのかという視点で分析を行うものである。

図表３−３−５ 3C分析

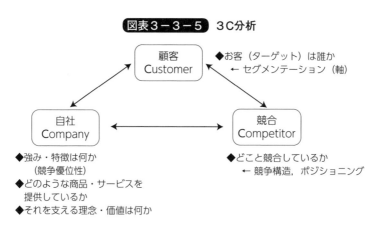

④　バリューチェーン

　企業の内部能力を把握するのに有効なフレームワークの１つにバリュー
チェーンがある。バリューチェーンはポーターの提唱した概念であり，企業が
市場に製品・サービスを提供するまでの一連のプロセスを価値連鎖として捉え
ている。

　ポーターはバリューチェーンの活動を主活動と支援活動に分類した。バ
リューチェーンという言葉が示すとおり，購買した原材料等に対して各プロセ
スにて価値を付加していくことが企業の主活動である。そしてその活動を支援
する機能が間接機能と捉えることができる。このフレームワークを使うことで
企業の強み／弱みを漏れなく，ダブりなく検討することができる。

図表３－３－６ バリューチェーン

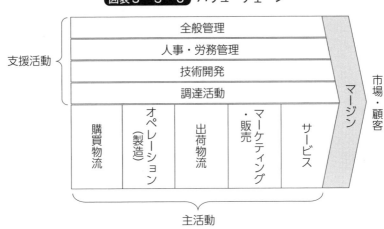

（出所：「競争優位の戦略」（M. ポーター）より）

⑤　VRIOフレームワーク（RBV：Resource Based View）

　企業にとっての強みとは他社に比較して強いことが大前提であり，差別化さ
れていない能力は「強み」とはなりえない。企業の「強み」を論じる際に，有
用なのがオハイオ州立大学のバーニー教授の提唱したVRIOフレームワークで
ある。企業の競争優位性を外部環境の視点から分析するものが前述の５フォー

ス分析だとすると，VRIOフレームワークは企業の経営資源に注目したものである。

VRIOフレームワークは，企業の持つ経営資源（図表3－3－7）を4つの視点から分析し，企業の競争優位性を判断する手法である。このVRIOが適合した能力・資産を持つ企業は，持続的な競争優位を持つことができるとしている（図表3－3－8）。

図表3－3－7 経営資源の種類

経営資源	具 体 例
財務資本 (financial capital)	• 自己資金，株主からの出資 • 債権者からの金銭，融資など • 内部留保される利益
物的資本 (physical capital)	• 店舗，工場や設備 • 企業の立地 • ソフトウェアなど
人的資本 (human capital)	• 人材育成訓練 • 経営者や従業員の経験や能力 • 人間関係，チームワークなど
組織資本 (organizational capital)	• 組織文化・風土 • 組織構造，計画・管理・調整のシステム • 企業内の部門間連携，他企業との関係など

図表3－3－8 VRIOの4つの問いかけ

VRIOの視点	問いかけ
V = Value（価値）	• 自社の持つ経営資源に価値があるかどうか？
R = Rareness（希少性）	• 自社の持つ経営資源に希少性があるかどうか？
I = Imitability（模倣可能性）	• 自社の持つ経営資源は真似されにくいかどうか？（= Inimitability；模倣困難性） • 模倣するのにコスト上の不利に直面するか？ ※代替による模倣も含む
O = Organization（組織）	• 自社の持つ経営資源を最大限に活かすことのできる組織づくりができているかどうか？

⑥ SWOT分析

　これまでの現状分析を踏まえて，経営の方向性を導く手法にSWOT分析が使える。SWOT分析とは，事業の成功要因や事業機会を導き出すために用いられるマトリックスで「内部環境／外部環境」，「プラス要因／マイナス要因」の2つの軸が切り口となり，縦横の4つのマトリックスに分かれる。

　SWOTは内部環境＝自社の強み（Strength），自社の弱み（Weakness），外部環境＝市場における機会（Opportunity），市場における脅威（Threat）の英語の頭文字4文字をとっている。

図表3-3-9　SWOT分析の視点

	プラス要因	マイナス要因
内部環境	強み（Strength） • 現行事業は，この「強み」を十分活かしているか • この「強み」を発揮できる新規事業はないか	弱み（Weakness） • この「弱み」を放置してよいか • この「弱み」は克服できるか • 「弱み」の克服は自社でやるべきか，他力を利用すべきか
外部環境	機会（Opportunity） • この「機会」は現有の「強み」を活かせる分野か • この「機会」を活かすうえで，自社能力で不足しているものは何か	脅威（Threat） • この「脅威」を回避できるか • 回避できない「脅威」の自社への影響度はどうか • 影響度を軽減するための施策は何か

活用すべきもの	回避・克服すべきもの

(3)　経営基本方針

　経営基本方針では，企業理念やビジョンといった企業の価値観や目指すべき方向性を明確にする。

① 社是・社訓

　「社是」は企業が正しい＝「是」とする考えであり，経営上の方針・主張を表している。「社訓」は企業に働く社員として肝に銘ずべき事柄を定めたものである。時には企業の社是・社訓を時代適応の観点から再確認して，内容や表

現を見直すこともある。社是・社訓を特に定めていない場合は，次の企業理念
をしっかり明確にしておくことで足りるであろう。

②　企業理念

　企業理念（または経営理念）は経営者として大切にしたい価値観を盛り込ん
だものであるが，表現の方法は企業によってさまざまである。コンサルティン
グにおいて企業理念を再度確認する際には，経営者に対し次の３つの問いかけ
を行っている（図表３－３－10）。

　a．「存在意義」は？――社会に提供する価値観であり，それが社会にとって
　　どのような意味があるのか，という視点で表す。

　b．「経営姿勢」は？――経営を行う上で重んじることである。

　c．「行動規範・指針」は？――行動指針を示したもので，創造性，挑戦，協
　　調性，相互信頼，報告・連絡・相談，自己責任などが挙げられる。

　時代が変わっても企業理念はそう変わることはない。10年，20年の時間軸で
捉える価値観である。経営計画を立てるときには，もう一度自社の企業理念を
深く考えてみることが重要である。

図表３－３－10　企業理念の構成

③　ビジョン

　将来の企業のありたい姿を描く。価値観の将来の投影像である企業理念が10
年以上の期間で物事を捉えるのに対して，ビジョンは３年から５年の短い期間

で捉える。ビジョンは「市場・社会でのポジションなどの対外評価」,「事業運営の将来像」,「組織と人のあり方・関係」という3つの要素からなる。

a. 市場・社会でのポジションなどの対外評価

「市場・社会でのポジションなどの対外評価」は,将来どういう企業になっていたいかを示す。たとえば,「○○地方でNo.1の○○事業者」,「技術開発型企業で国内トップクラスの企業」,「経営の品質が高く評価される企業」など市場での地位や社会からの評価を表したものである。

b. 事業運営の将来像

「事業運営の将来像」は,事業をどのように展開していきたいかを明らかにする。たとえば,「顧客ニーズを先取提案する」,「流通コーディネーター企業」,「業務のスリム化と適材適所の人員配置により,効率的な組織運営を図る」など。

c. 組織と人のあり方・関係

「組織と人のあり方・関係」は,組織形態や組織と人の望ましいあり方・関係について明らかにする。たとえば,「会社に依存しない自律した個人」,「潜在能力よりも発揮能力を評価する」,「個人業績の成果配分への反映」など。

(4) 中期経営計画の基本方針

中期経営計画の基本方針は,中期経営計画において軸となる方針である。そこには到達点である基本目標と,企業の計画期間中における道筋である全社戦略から構成される。

① 経営基本目標

3～5年後の目指すべき目標水準を決める。目標には数値で表せる定量目標だけでなく,数値化できない定性目標を含める。中期経営計画策定で重要なポイントとなるのは,「利益目標をどのレベルに設定するか(できるか)」である。利益目標の設定の考え方については,4で後述する。

図表３－３－11 数値目標の項目（例）

種　類	内　容
損益項目	売上高，営業利益，経常利益，当期純利益，配当
経営指標	自己資本比率，総資本経常利益率，売上高経常利益率，付加価値率，損益分岐点比率，配当性向，債務償還年数など
その他	市場地位や業界シェア，販売数量，売上高構成，海外生産・販売比率など

　定性目標は，数値目標以上に企業によってバラつきが出てくるものである。企業によって課題はさまざまであるので当然のことである。

　具体的な例をいくつか紹介すると，以下のとおりである。

- 「加工の生産性において○○○（受注先企業）を凌駕する評価を受ける」
- 「労働生産性で業界トップを目指す」
- 「ワークライフバランスで評価される企業を目指す」
- 「経営品質の高さで社会から評価される企業を目指す」
- 「サービス品質で○○○の賞を獲得する」

　2010年代後半からは，SDGsやガバナンスを意識した目標が目立つようになってきた。

② **全社戦略**

　成長し続けるための企業ドメインの決定とビジョン達成への戦略構築，さらにそれを実現するための効率的な資源配分のシナリオを描く。目標を達成するために何をするのか，たとえば新規事業への進出や既存事業からの撤退など大きな変革を伴う道筋なのか，既存事業で業界の地位を大きく変えるような差別化・集中

化を行うといった道筋なのかなど会社の方向性を明確にして社内外に表明する。

③　企業ドメイン（事業展開領域）

　企業ドメインは企業がその事業を展開する領域であり，企業ドメインを決定することは，砕けた表現で表すと「戦う土俵」を決めることであり，同時に「戦わない土俵」を決めることでもある。

　企業ドメインは，「市場標的」，「提供する価値」，「活用する自社能力」の3つの軸で捉える（図表3－3－12）。その上でシンプルな言葉でそれを表すことで社内のベクトルを一致させることもできるし，社外に対してわかりやすいメッセージとなる。

図表3－3－12　企業ドメインの3つの軸

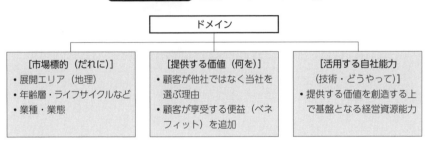

- 企業ドメインの例
  - ──トラック運送業：物流コーディネーター
  - ──クリーニング業：衣類メンテナンスのカウンセラー
  - ──複写機メーカー：ドキュメントカンパニー
  - ──食品メーカー：トマトと野菜カンパニー
  - ──電機メーカー：C&C（コンピュータ&コミュニケーション）

エクササイズ1

自社の企業ドメインまたは事業部の事業ドメインを定義してください。

市場標的	提供する価値	活用する自社能力

"当社（当事業）のドメインは，

である。"

(5) 目標達成に向けた事業戦略

目標を達成するために対象市場への働きかけの事業活動である事業戦略について記載する。企業が事業を展開する活動で重視すべきことは，選択した事業分野で競争優位となることであり，事業戦略は競争戦略ということができる。

ポーターは，5フォースで述べた5つの競争要因のいずれかを克服し，超越した企業は業界で競争優位に立ち，業界を制することができるといっている。そして競争優位を築くためには，他企業と差別化した「差別化戦略」，高品質低価格による「コストリーダーシップ戦略」，特定分野や特定市場を狙った「集中戦略」をとることが必要となるとしている（図表3－3－13）。各事業戦略は上位の企業戦略によって統合される。

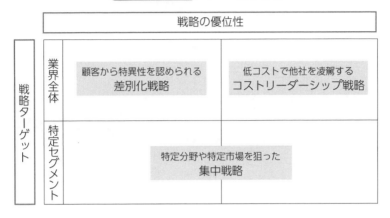

図表3-3-13 ３つの基本戦略

		戦略の優位性	
戦略ターゲット	業界全体	顧客から特異性を認められる 差別化戦略	低コストで他社を凌駕する コストリーダーシップ戦略
	特定セグメント		特定分野や特定市場を狙った 集中戦略

(6)　機能別戦略

　事業戦略に続いて，これらの事業活動を円滑に運営させるための機能別戦略について主なものの概略を述べる。

①　人事戦略

　人事戦略では主に人事管理に関する方針などを明確にする。人事管理とは，企業ビジョンを実現するために「採用」から始まる「配置・活用」，「人材育成」，「評価」，「処遇」，「退職」までの一連の流れを合理的かつ効果的に設計し，運用することである（図表3-3-14）。

　人事戦略にあたっては，何を基準に人事管理を行っていくのか，つまり評価の主たる要素は何か，具体的には年功主義，能力主義，職務主義，役割主義，役割業績主義，成果主義など企業の方針を明確にして，それに応じた仕組みを構築することが重要である。そういう意味では「評価」が人事管理の核という捉え方ができる。

　中期経営計画では具体的な制度設計の内容や変更についてまで言及する必要

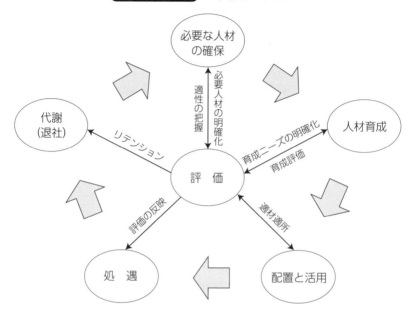

図表3－3－14 人事管理のサイクル

は，原則としてないが，その基本方針を明確にして，再構築が必要であればその骨子やスケジュールを明記しておく。

② 組織戦略と要員計画

　組織戦略と要員計画は，戦略実行に適した組織構造や目標達成に必要な人的資源の配分を表すものである。企業を取り巻く経営環境は激しく変化しており，そのスピード感と変化の幅は従来以上のものである。そういった環境のなか，企業は従来以上のスピード感をもって意思決定と実践を行っていく必要がある。

　また，それに対応すべく戦略に応じた組織を組み直すことは企業経営にとって当然のことといえる。したがって，企業の組織構造にはその戦略性が表れるべきであり，環境の変化や経営戦略の実行状況により組織革新の手段も適宜その組み合わせを変えていくものである。つまり「組織は戦略に従う」所以である。

戦略目標の達成に必要な人材や人的資源の配分を要員計画の中で明確にする。例を挙げると以下のとおりである。

- 営業力を強化する ➡ 営業人員をいつから何名程度増やすのか
- 研究開発を強化 ➡ 研究開発部門に人員を何名配置するのか

計画には退職者の人数を見積もる必要がある。定年による自然退職と過去の離職率などから見積もる必要がある。退職者を正社員で補充するのか，派遣社員やアルバイト，雇用延長で嘱託として雇用するのか等によって人件費等にも少なからず影響を与えることがある。特に従業員数の少ない中小企業にとっては収益に与える影響は大きい。

図表３−３−15 要員計画（例）

(単位：人)

	実　績		計　画		
	40期	41期	42期	43期	44期
役員	4	4	3	3	3
事務員	3	3	3	3	3
店員	6	6	6	6	6
営業員	5	6	7	10	12
作業員・店舗受付	175	176	169	167	160
合計	193	195	188	189	184
アルバイト	(114)	(95)	(90)	(90)	(83)

③　財務戦略，投資計画，資金計画

財務戦略は，企業が存続するための財務基盤に関するものである。財務内容の開示を求められる企業にとっては財務の透明性を市場から評価されることが必要不可欠である。財務体質に関する方針としては，将来の財務体質強化への施策や投資に関する計画，資金調達・返済計画などに関するものである。

具体例な検討項目の例を挙げると，以下のとおりである。

- 不良債権の処分，遊休不動産の売却によるROAの向上，借入金の返済
- 将来の成長の芽に対する投資と，それに伴う資金調達・返済の計画

- 財務格付け引上げのための有利子負債の圧縮方針
- 売掛債権・棚卸資産・支払債務など所要運転資金の効率化に関する方針
- 将来のキャッシュフローから評価される企業価値に関する方針
- 情報開示に関する方針や，投資家への配当に関する方針
- 資金調達の方法や金利リスクヘッジに対する方針など

図表3－3－16 運送会社の設備投資計画（例）

	49期	50期	51期	52期
自社所有台数	33 台	32 台	33 台	32 台
リース台数	15 台	18 台	18 台	18 台
保有車両台数合計	48 台	50 台	51 台	50 台
売却		1 台	5 台	5 台
購入		3 台	6 台	4 台
うちハイブリッド車		2 台	－	1 台
うち平ボデー		1 台	4 台	2 台
うち大型ウイング		－	2 台	1 台

(単位：千円)

投資内容	台数	金額	勘定科目	償却期間	年間償却額・リース料		
					50期	51期	52期
ハイブリッド車2or3t	2台	9,000	リース資産	48ヵ月	1,125	2,250	2,250
平ボデー4t	1台	8,000	リース資産	48ヵ月	1,000	2,000	2,000
平ボデー4t	4台	32,000	車両運搬具	60ヵ月	－	6,400	10,240
大型ウイング	2台	32,000	車両運搬具	60ヵ月	－	6,400	10,240
ハイブリッド車2or3t	1台	4,500	車両運搬具	60ヵ月	－	－	900
平ボデー4t	2台	16,000	車両運搬具	60ヵ月	－	－	3,200
大型ウイング	1台	16,000	車両運搬具	60ヵ月	－	－	3,200
天井クレーン付き倉庫	－	－	地代家賃		6,000	6,000	6,000
合計	13台	117,500			8,125	23,050	38,030
販売管理費	－	－			6,000	6,000	6,000
減価償却費	10台	100,500			－	12,800	27,780
リース料	－	17,000			2,125	4,250	4,250

④ その他

これまで挙げてきた機能別戦略以外にも，IT情報戦略，研究開発戦略，ブランド戦略，知的財産戦略，海外戦略など企業にとって重要性の高いものを適宜織り込むことになる。最近では，リスクマネジメントやCSR（企業の社会的責任）に関する方針なども含まれる。

マーケティング戦略も機能別戦略と捉えられるが，現代の経営環境ではマーケティング戦略は全社戦略，事業戦略の中で立案されることが多い。企業経営でマーケティング戦略の重要性がそれだけ増してきたことを物語っている。

また，世界的な資源争奪戦や国内の労働力不足を背景として，購買戦略やロジスティクス戦略も重要性を増している。

図表3-3-17 機能別戦略のいろいろ

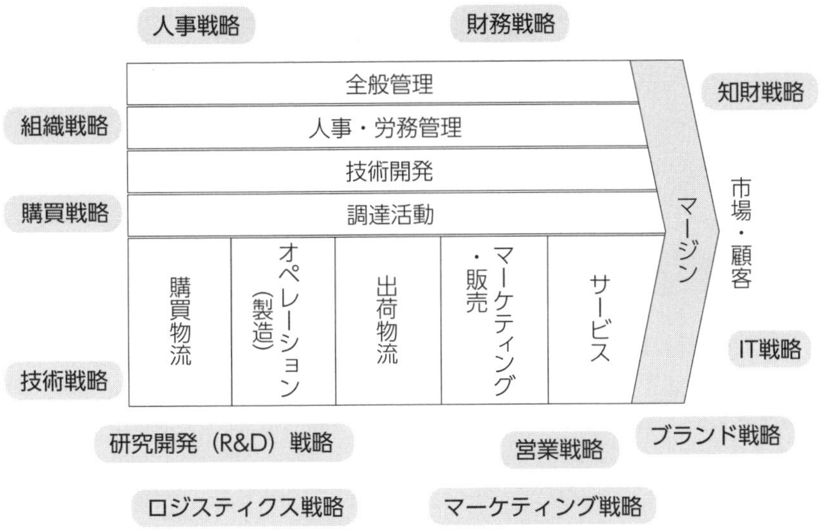

(7) 数値計画

利益目標と戦略が定まれば，計画期間の損益計算書，貸借対照表，キャッシュフロー計画および資金計画（資金調達・返済）などの数値計画を作成する。

① 計画期間

数値計画の期間はおおむね3年から5年であるが，再生支援協議会を活用した案件など金融機関からの要請に基づく中小企業の経営改善計画では10年間の数値計画を求められることがある。これは，10年以内で財務内容の健全化を目指すという再生支援協議会の計画認定の基準から求められるものである。わかりやすくいうと，10年以内に実質債務超過を解消するための数値計画を示せ，というものである。

10年先のことなど読めるであろうかという疑問もあるが，たいていの場合，5年目以降は横ばいで推移するといったものである。

② 計画損益計算書

売上高は地域別・部門別・製品カテゴリー別，顧客別といった企業に合った切り口で組み立てる。そして変動費と固定費，営業外収支，特別損益，法人税等といった計画を立てる。数値計画は戦略や施策の内容を反映させたものでなければならない。変動費と固定費は管理会計の概念であることから，それぞれ売上原価・販売費及び一般管理費に分けておくと，財務会計の損益計算書に反映させやすい。数値化の実務については4で後述する。

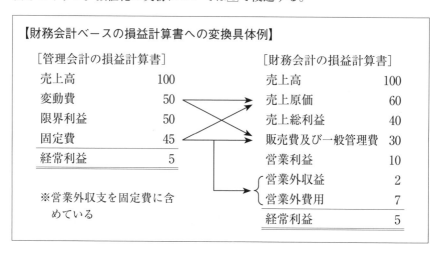

③　計画貸借対照表

計画貸借対照表では，特に投資計画や資金計画などがポイントとなる。設備投資は固定資産の増加という形で現れ，それに伴う資金調達は借入金の増加という形で現れたりする。運転資金の増減は短期の借入金の増減にも影響を与える。たとえば，売上債権や在庫が増加すると企業の運転資金が必要となることから短期の借入金が増えるといった関係である。具体的な施策は数値化して貸借対照表に反映させる。

④　計画キャッシュフロー計算書

損益計算書と貸借対照表から計画キャッシュフロー計算書が作成される。損益計算書では見えてこない営業キャッシュフロー，投資キャッシュフロー，財務キャッシュフローといった資金の源泉と使途が明らかになる。

⑤　資金計画

資金の調達・返済について計画する。設備投資，増加運転資金に伴う資金調

図表３－３－18 資金調達・返済計画（例）

（単位：百万円）

		実　績	見込み	計　画		
		11期	12期	13期	14期	15期
短期借入金						
	期首残高	28,500	28,200	30,300	30,300	25,900
	調達		2,100			
	返済	300			4,400	
	期末残高	28,200	30,300	30,300	25,900	25,900
長期借入金						
	期首残高	42,756	70,316	62,548	57,116	56,995
	調達	72,192	40,000	35,000	44,000	38,000
	返済	44,632	47,768	40,432	44,121	41,645
	期末残高	70,316	62,548	57,116	56,995	53,350
有利子負債残高		98,516	92,848	87,416	82,895	79,250
増減			△5,668	△5,432	△4,521	△3,645

達や，余剰金による有利子負債返済の計画を立てる。

　営業キャッシュフローから事業の維持に必要な投資を引いたフリー・キャッシュフローから有利子負債の返済を行う。資金が不足する場合には資金調達が必要となる。

⑻　行動計画（実行プラン，アクションプラン）

　戦略を確実に実行するための具体的施策ごとの行動計画である。最初から部署ごとの詳細計画を作成する場合もあるし，大きな骨子を掲げておいて，それに則り別途部署ごとに詳細計画を作成させる場合もある。

①　行動計画の内容
　行動計画の作成のポイントは"5W2H"を意識して作ることである。
- 目的や課題：何のためにするのか
- 具体的施策：具体的に何をするのか，どのようにするのか
- 目標：目標数値はどの程度までとするのか
- 担当者・担当部署：誰がするのか，どの部署が責任を持つのか
- スケジュール：いつから始めるのか，いつまでにするのか

その他にも管理指標や管理頻度を盛り込むこともある。あまり細部にこだわりすぎると手間がかかるので，企業の管理レベルに応じてフォームを決めるとよい。

②　行動計画のブレイクダウン
　全社の行動計画ができると，部門・部署別の行動計画にブレイクダウンしていく。原則，戦略の大綱は経営陣がトップダウンで作成し，実行プログラムは下を巻き込んで参加型のプランニングで組ませるのが望ましい。

a．経営者 ➡ 部門
　経営者は計画策定において，会社全体の大きな方針および目標を決定する。同時にその目標を実現するために各部門（部署）に課題を与える。

図表3－3－19　行動計画（例）

課題	課題解決の具体策	推進責任者	担当者・部署	現状	3年後の目標	推進スケジュール（初年度／2年度／3年度）
成長業種・貨物の選別による重点取引先への営業強化	ABC分析による得意先の格付けと対応方針の決定	○○課長	営業企画室	格付けしておらず	格付け制度が定着し、取引方針に沿った取引シェアが確保されている。	新規格付け／試行・見直し／半期ごと見直し
	大口・大型貨物・重量物（鉄鋼・工作機械、炉）の輸出貨物取扱量拡大。（対象10社：　　）	営業本部長	営業第1部	2億円/年	4億円/年	
強みである自社設備を活用した営業展開	在来定期船を主とした京浜エリアの荷主開拓（鋼材・機械）	営業本部長	営業第2部	1百万円/月　12百万円/年	2百万円/月　24百万円/年	荷主獲得
戦略的中期課題としての業種・貨種の調査	医薬、化粧品、食品、介護・医療関連の物流に関する調査	営業企画室長	営業企画室	―	具体的計画があり、活動を開始している。	選定／調査／半期ごと報告
計数管理による収益力強化	ブロック別・拠点別・チーム別・個人別収益目標の設定	営業企画室長	営業企画室	20,500千円/人	27,000千円/人	構築／試行／運用
営業担当者の専門知識と渉外能力の向上	営業マン研修、OJT体制の整備と評価制度の構築	営業企画室長	営業企画室		営業活動・成果のPDCAサイクルが機能している。	調査／構築／試行／運用
組織だった営業活動の展開	・市場的の明確化 ・取引先ABC分析 ・営業ツールの整備 ・標準化	営業企画室長	営業企画室		各制度・ツールが最適化され、営業の成果に表れている。	
役割と権限の明確化	組織に合致した詳細で具体的な職務分掌規程・職務権限規程等の見直し	経営企画室	管理本部		―	検討
組織運営の体制強化	人事制度の見直し（職場に応じた複線型人事制度の導入）	経営企画室	管理本部		―	準備／運用

図表3－3－20　部署別の年度行動計画のフォーム

部署名　　○○営業所

課題	課題解決の具体策	責任者	担当者	目標	推進スケジュール 第1四半期			第2四半期			第3四半期			第4四半期		
					4月	5月	6月	7月	8月	9月	10月	11月	12月	1月	2月	3月

b．部門責任者 ➡ 部署

　部門責任者は経営者とコミュニケーションをとりつつ，会社の目標を達成するために自部門は何をなすべきかを考え，自部門の方針と目標，さらに具体的な方策を決定する。また，会社から与えられた課題をどうやって解決するかを考える。さらに自部門内の各部署（チーム）に対して目標・課題を与える。

c．部署責任者 ➡ 個人

　部署責任者は，上記と同様に部門の方針・目標を受けて，それを実現するための方針・目標を考えて方策を決定する。そしてそれらは部署内の個人もしくはチームにまで展開されていき，個人（チーム）も目標を達成するため，課題を解決するための方策を考える。

　こうして企業の目標は各層にブレイクダウンされて，これらの部門，部署，個人の方策が「行動計画」，「実行プラン」，「アクションプラン」という形でまとめられていき，それらは計画期間中に進捗管理および問題解決に活用されることとなる。ここで重要なことは，目標や実行プログラムのブレイクダウンが

図表３－３－21 目標・方針の展開イメージ

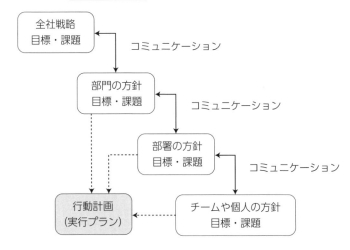

上から下への一方通行になってはならないということである。目標の設定にあたっては，上司と部下の間のコミュニケーションが必要である（図表3-3-21）。

③　ロジックツリーで問題解決

行動計画を作成する際には問題の解決のためのフレームワークを使うと整理しやすく，また本質的な原因究明や打ち手の検討がしやすい。ここではロジックツリーの使い方を述べる。

ロジックツリーの「ロジック」とは「論理」であり「ツリー」とは物事の関連性を「木の枝」のように表すことから，このように呼ばれている。ロジックツリーは箇条書きと違って物事の相関関係や因果関係，目的と手段といった関係性が整理しやすく，本質的な原因を究明したり具体的な施策を探し出したりするのに役立つ。箇条書きの場合は各項目の関連性がわかりにくく，また検討事項の「モレ」が見つけにくい。この点ロジックツリーは漏れやダブリの有無

図表3-3-22 ロジックツリー

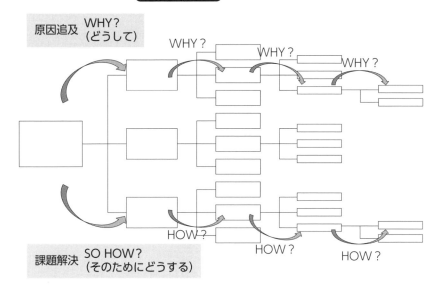

がチェックしやすいので問題解決に有効なツールである。

　ロジックツリーでは原因を追及するときには，解決したい問題を最初に挙げて「なぜ，○○なのか？」という問いを繰り返していく。そして課題解決策を求めるときには，最初の課題から「そのためにはどうする，だからどうする」と繰り返していく。

　たとえば，わかりやすく「営業利益を増やすには」という課題について考えてみる（図表3－3－23）。

図表3－3－23 課題解決型のロジックツリー

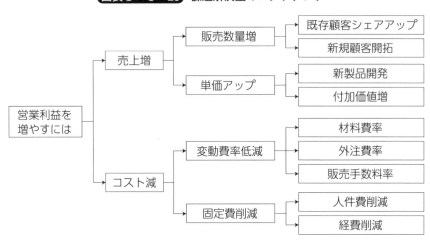

　営業利益を増やすためには，「売上の増加」と「コストの削減」が考えられる。そして次に売上を増加させるには，「販売数量を増やす」と「単価を上げる」というふうに考えられる。売上は数量×単価と表すことができるからである。さらに単価を上げるには，「新製品を開発する」とか「製品の付加価値を上げる」などが考えられる。ここで「その他にもないだろうか？」と漏れがないかを考えることが必要であるし，誰もがやらないことを思いつくことが成功につながるのである。

　コスト削減であれば，「変動費率を下げる」と「固定費を減らす」という切

り口もあるし,「売上原価」と「販売費及び一般管理費」の削減という切り口も考えられる。このように,ロジックツリーの展開には絶対的な方程式はない。

次に,ロジックツリーと問題解決の留意点を以下に述べておく。

a．柔軟性

前述のとおりロジックツリーの展開には絶対的な方程式はなく,枝を考える切り口は企業のビジネスモデルの実態に応じた形で検討すればよい。たとえば上述では売上の増加を「数量と単価」の切り口から展開していったが,他にも考え方はある。「既存市場」と「新規市場」,「地域別」,「顧客別」,「製品群別」など,企業が重視する軸によって異なる切り口で展開される。

b．MECE

ロジックツリーでは漏れなく,ダブリなくということがチェックできると述べた。この考え方をミッシー(MECE：Mutually Exclusive, Collectively Exhaustive)といい,それぞれが重複することなく,全体集合として漏れがないという概念である。MECEになっていることが重要ではあるが,あまりにMECEにこだわるあまり,重箱の隅をつつくように些細なことを議論しているようでは本末転倒である。

c．優先順位

またロジックツリーは抜本的な原因を把握して,その対策を検討することが目的である。それは実行を伴うものであり,そこには優先順位が必要である。課題に対する打ち手を幅広く検討したうえで,重要度・緊急度やコストと効果などの観点から打ち手の優先順位を決めて,しっかりやり切ることが大切である。

d．全体最適

問題解決においては,担当部門・部署で解決可能なものと,部門間にまたがる問題など担当部門・部署だけでは解決が不可能なものとがある。そのような問題は全社的な取組みで「全体最適」を考えることが必要である。行動計画にも他部署にまたがる施策には「関連部署」として明記しておくこともある。

コラム　　経営改善計画書を「机の肥やし」にしてはならない！

　メイン銀行の紹介で，ある外資系コンサルティング・ファームによる経営改善のコンサルティングを受けた企業の話である。

　コンサルタント数名が3ヵ月かけて調査を行った。その間，膨大なデータ分析や幹部インタビュー，工場の実査などを実施して，厚さ2㎝ほどの報告書ができ上がった。環境分析，企業の能力評価は見事なもので，もちろん改善の方向性・具体策なども盛り込まれていた。

　コンサルタントはそれを誇らしげに報告し，報告書「経営改善計画書」を置いていった。コンサルティング料は1,500万円である。

　さて，厚さ2㎝の「経営改善計画書」である。

　社長は「これをどうやって実行に移すのか？」思案したものの，「うちにはそれを実行する能力がある人材はいない。しいてあげれば自分だけだ。」ということで，「大変けっこうな意見をいただきました。」で終わってしまった。

　こうして，厚さ2㎝の経営改善計画書は社長の机の奥底に大切にしまい込まれた。

　机の引き出しに眠っている「○○計画書」を，決して「机の肥やし」に甘んじさせておいてはならない！

4 計画の数値化

要　点 ....

☑ 「経営は後ろから読む」とは，目標利益からスタートすることである。

☑ 計画を数値化するとは，いくら投資してどのような成果を上げるかである。

☑ 数値化の実務は損益計算書，貸借対照表，キャッシュフロー計算書の順に
行っていく。

....

「経営は後ろから読め」といわれる。必要なキャッシュフローや目標とする
財務指標などから目標利益を設定し，それを実現するための投資や固定費・限
界利益率から必要売上高を求めるのである。もちろん市場シェアを重視する大
手企業は市場地位・シェア，そして売上高を大きな目標として市場に表明して
いるが，そこには社内で目標利益や目指すべき収益構造の検討が重ねられてい
る。

　ここでは目標利益から必要売上高を求めるステップを紹介するとともに，計
画財務諸表の作成方法について述べたい。

(1) 計画の数値化とは

　中期経営計画では，経営戦略の基本方針に沿って具体的な施策が立案される。

　そして，その施策ごとに行動計画が策定され，その活動に必要とされる経営
資源と活動結果としての成果を会計情報に落とし込むプロセスが利益計画であ
る。もっと砕けた言い方をすると，「いくら投資して，どの程度の成果を出す
か」を数値化することである。もちろんコスト削減も忘れてはならない。コス
ト削減に関する施策がどの程度効果があるのかを予測して，数値に織り込む。

　　• 具体的な検討項目や反映する勘定科目など

　　　──何人で……従業員＝人件費，パート・アルバイト＝雑給，外注＝外注費

　　　──なにを……新製品の開発（研究開発費）

——どのように……ICT投資，広告宣伝費，販売促進費

——設備は……設備投資額，減価償却費，リース料

——資金は……借入金，増資

——キャッシュフローは……借入返済あるいは成長投資に，いくらの
　　　　　　　　　　　キャッシュフローが必要か

——利益は……ステークホルダーに分配するには，いくらの利益が必要か

インプットとして経営資源を配分し，アウトプットとして生み出された製品・サービスの対価を受け取ることで，利益とキャッシュフローが生み出される。

事業計画では，このような事業の展開を数値化する作業が必要である。そこには，主に管理会計の概念・仕組みが必要となる。

図表３−４−１ 事業活動の数値化のイメージ

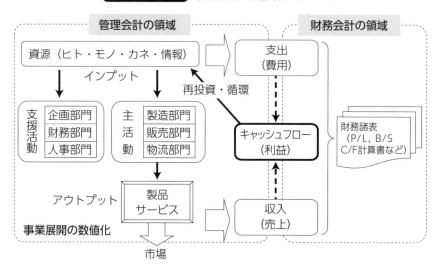

(2) 経営は後ろから読む

中小企業の数値計画の立て方には，大きく２つのアプローチがある。１つは売上高から検討して，売上原価，販売費及び一般管理費，営業外収支と過去の実績を参考にして数字を組み立てるパターンと，もう１つは必要利益もしくは

目標利益を決めて，利益率や固定費についても目標を定めて必要売上高を計算するパターンである。

　これまで数多くの中小企業を診てきたが，ほとんどが前者のパターンである。つまり売上から検討して下に降りていく作り方である。決してこれが誤りであるとはいえないし，この方法で業績を上げている企業もあるのは確かである。しかし，売上原価や販売費及び一般管理費などのコスト構造は従来の延長線上の域を出ることは少ない。やはり，変革を行おうとする局面や企業再生を行う過程においては「後ろから読む」，つまり目標利益を設定して，そこから目標限界利益率・目標固定費を定め，目標売上高を算出するというアプローチがよい。

図表３－４－２ 必要利益から目標売上高の設定

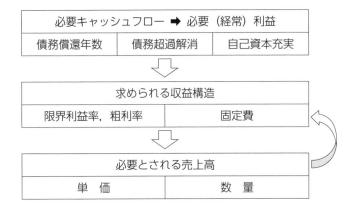

①　必要なキャッシュフローを求める

　必要なキャッシュフローを求めるにはさまざまな考え方があるが，代表的な債務償還年数からの考え方を述べる。

　債務償還年数とは，有利子負債をキャッシュフローによって何年で返済できるかという指標である。仮に借入金の残高が10億円あり，年間のキャッシュフローが１億円の場合は10億円÷１億円＝10，つまり10年で返済可能ということである。もし年間キャッシュフローが5,000万円であれば20年となる。この債務償還年数は金融機関が債務者を格付けする「信用格付け」の判断基準の大き

な要素の1つである。そして「正常先」とされる基準は一般事業会社で10年というのが1つの目安である。ただし業種によってこの指標の基準は異なるし，一律に機械的に適用するものではない。たとえば大きな設備を必要とする装置産業などは20年でも正常先目線となることもある。その他不動産賃貸業や鉄道会社，病院，ホテルなどは債務償還年数が長めになる。

　債務償還年数からのキャッシュフローの算出方法は，以下のとおりである。
　ａ．債務償還年数の求め方

$$債務償還年数 = \frac{実質長期負債}{キャッシュフロー（簡易キャッシュフロー）}$$

　ｂ．実質長期負債の求め方

実質長期負債 ＝ 有利子負債（短期借入金＋長期借入金＋社債）
　　　　　　　　－ 現預金 － 正味運転資金
正味運転資金 ＝ 売掛債権 ＋ 在庫 － 仕入債務
　※　ただし，売掛債権は回収が不能な「不良債権」を除き，また在庫についても長期滞留在庫すなわち「デッドストック」となっているものを除いた金額である。

　ｃ．キャッシュフロー（簡易キャッシュフロー）の求め方

キャッシュフロー ＝ 経常利益 ＋ 減価償却費 － 法人税
　　　　　　　　　　－ 必要最小限の維持投資
　※　必要最小限の維持投資とは事業を維持するうえでどうしても必要な最低限の投資である。たとえばトラック運送業のトラック購入費用などであり，業種業態によって判断される。

d．事例──A社の債務償還年数を求める（単位：百万円）

[前提]

- 短期借入金：500
- 長期借入金：1,500
- 社債：200
- 現預金：150
- 受取手形：400
- 売掛金：550（うち回収不能のもの：50）
- 在庫：800（うちデッドストック：80）
- 支払債務：650
- 経常利益：60
- 減価償却費：140
- 法人税：20
- 維持投資：30

[計算式]

有利子負債：500＋1,500＋200＝2,200

－現預金　：150

－正味運転資金：[（400＋550－50）＋（800－80）－650]＝970

不良債権　　デッドストック

実質長期負債：1,080……①

キャッシュフロー：60＋140－20－30＝150……②

債務償還年数（①÷②）：1,080÷150＝7.2年

②　必要利益を求める

必要キャッシュフローが決まると，そこから逆算して必要利益を求める。

キャッシュフロー ＝ 経常利益 ＋ 減価償却費 － 法人税 － 維持投資

> 必要経常利益 ＝ キャッシュフロー － 減価償却費 ＋ 法人税 ＋ 維持投資

簡単に目安を求めるなら「キャッシュフロー」－「減価償却費」でもよい。必要利益を求める考え方は財務の健全性の観点から，純資産の額をいくら増やすといったことや債務超過の企業であれば債務超過の解消に必要な年数から計算するなど，業績の順調な企業であれば株主にいくら配当をするかといったように，企業によってさまざまな考え方がある（図表3－4－3）。

図表3－4－3 目標利益の設定

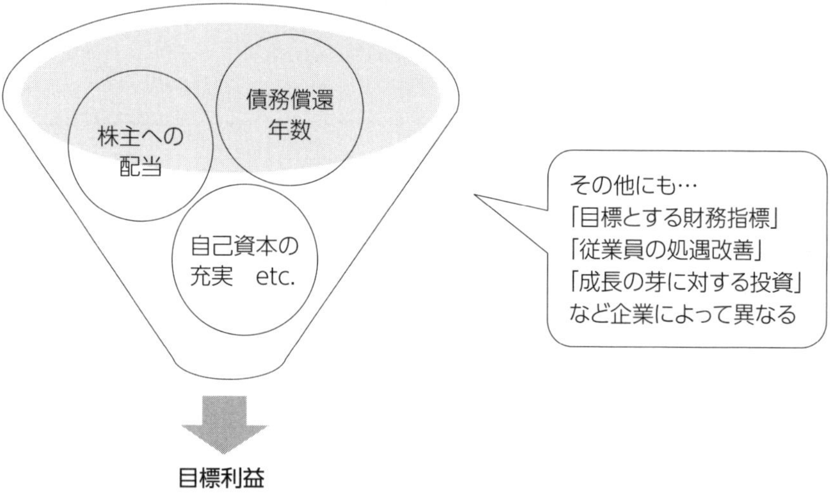

③　必要売上高を求める

目指すべき限界利益率，固定費を決めると必要売上高を求めることができる。

固定費の額に目標利益を加えて，これに等しい限界利益を稼げばよいわけだから，この限界利益（＝固定費＋目標利益）を目標限界利益率で割り戻すことで必要売上高が計算できるのである。

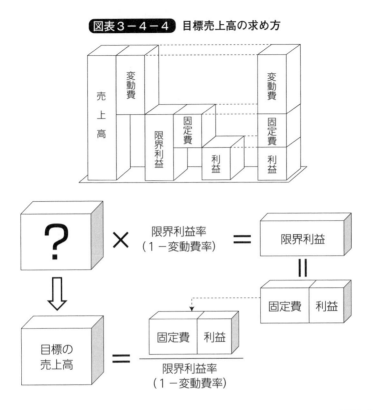

図表3－4－4　目標売上高の求め方

$$目標売上高 = \frac{固定費 + 目標利益}{\begin{array}{c}限界利益率\\(1-変動費率)\end{array}}$$

　さて，目標売上高が出たとする。しかしあまりに現実的でない数字であった場合にどうするか。目標利益を引き下げるか。この場合は安易に目標利益の引下げをするのではなく，まず限界利益率と固定費を再度見直して達成可能な売上高の水準にもっていくことが考えられる。

　しかしながら，大きな変革を目指す場合には「現実的でない数字」とあきらめるのではなく，「それを達成するにはどうすればよいか？」，現状延長線上の発想ではないブレイクスルーにチャレンジすることも重要なことである。

図表3－4－5 目標数値のシミュレーション（必要利益からのシミュレーション）

【製造業A社の例】

			年間返済額	10億円
売上高	150億円		必要設備投資	1億円
限界利益率	42%		必要キャッシュフロー	11億円
固定費	68億円		減価償却費	3億円
経常利益	▲5億円		必要経常利益	11－3＝8億円
減価償却費	3億円			
借入金	100億円			
年間返済額	10億円			

必要売上高
　　＝（固定費＋目標利益）÷限界利益率
　　＝（68＋8）÷0.42＝181億円

限界利益率を1％改善させる
固定費を3億円削減する
必要売上高＝（65＋8）÷0.43
　　　　　＝170億円

これでも無理！
不稼働資産を売却して借入金を返済
し，年間返済額を減らす。
さらに原価率，固定費を見直して…

計画売上高	160億円
計画限界利益率	44%
計画固定費	64億円
計画経常利益	6億円
計画キャッシュフロー	9億円

　A社は年商150億円の製造業を営む企業である。直近の業績は上記のとおり経常赤字5億円という結果で，借入金も100億円，年間の返済額は10億円であった。A社は「借入金の返済を10年以内にする」ことを基本方針として次年度の目標を立てることとした。

　ここで必要なキャッシュフロー（CF）と経常利益を求めると，年間返済額と設備投資の合計11億円が必要なキャッシュフロー，そして経常利益は8億円が必要となる。次に必要売上高を求めると，固定費の68億円に目標利益8億円を加えて合計76億円を限界利益率42％で割り戻すと181億円となる。

　ところがA社の社内では，昨今の業界の環境下では売上高181億円は到底不可能な数字だと判断した。そこで社内で再検討した結果，限界利益率を1％改善して，かつ固定費を3億円削減することとした。そして再度同じようなステップで，固定費の65億円に目標利益8億円を加えて合計73億円を限界利益率

43%で割り戻して必要売上高を170億円と算出した。しかしこれに対し営業部門からは「この水準も不可能」と判断された。

　そこで，A社の経営陣は連日深夜に及ぶ検討会議の結果，次のような結論に達した。

　不稼働資産である遊休不動産を売却して借入金を返済して，年間の借入金返済額を減らす。変動費率を1％引き下げ，同時に固定費をさらに1億円削減することで収益構造をさらに強化する。

　A社は遊休不動産を売却して借入金を20億円返済することで，年間返済額を10億円から8億円とした。投資1億円を合わせて9億円の必要キャッシュフローから逆算すると経常利益は6億円，そして，固定費64億円との合計70億円を限界利益率44％で割り戻して売上高160億円という目標を設定した。

　図表3－4－5のように数値化では必要利益，すなわち目標利益からシミュレーションしてみる。必要とされる売上高の実現可能性があまりに低い場合は，再度収益構造の利益率と固定費を見直すという作業が必要である。原則として必要利益を動かさず，限界利益率と固定費，売上高をどのように計画していくかという考え方が望ましいといえる。

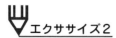

エクササイズ2

自社の3年後もしくは5年後の数値目標を立ててください。

Q1. 何を重視するか？（ROA，債務償還年数，成長の芽への投資，自己
　　　資本の充実，株主への還元，労働分配率など）

Q2. 目標キャッシュフローや目標利益

Q3. 許容固定費

Q4. 目標限界利益率

Q5. 目標売上高

科目		実績	目標
売上高			
変動費			
限界利益			
限界利益率			
固定費			
	人件費		
経常利益			
損益分岐点比率			

> ### コラム　利益は固定費と思え！
>
> 　先輩コンサルタントが社長に言っていた。「利益は固定費と思え」。これは，「約束した利益は絶対に達成すべきで，固定費と同じと考えろ。もし利益が達成しそうになければ，固定費を減らしてでも利益を確保しろ」ということである。
>
> 　最近の企業では経営計画を立てる際に，「売上高−利益＝費用」という考え方に変わってきている。従来の考え方は，「売上高−費用＝利益」であった。財務会計でもそのように教わったものである。
>
> 　しかし，今は以下のように考えるべきである。
> - 株主への配当や必要キャッシュフローなどから必要な利益を最初に決める
> - 売上高を想定する
> - 売上高から必要利益を差し引いた費用で会社を運営する
> - 稼いだ利益から将来の成長の芽に投資する
>
> 家電製品でも，「いくらで売れば競争力があるか，それによっていくらの利益を得たいのか，そのためにはいくらのコストで作らなければならないか……」という発想で企画・開発・製造を行う。
>
> 　まさに，プロダクトアウトからマーケットインへの発想の転換である。

(3)　数値化の流れ

　事業活動を売上・費用などの計画数値に落とし込む。事業別や部門別，カテゴリー別，顧客別など企業の特性に応じて管理会計の概念で設定していく作業である。数値計画を作成するためには，いくつもの個別計画（検討事項）が必要になる。大まかな流れを以下説明する。

　大きな流れは「損益計算書」，「貸借対照表」，「キャッシュフロー計算書」の順に作成していく。図表3−4−6に沿って説明すると，まず事業展開活動の

図表３－４－６ 数値化の流れ

```
┌─────────────────────────────────────────────┐  ┌─────────────┐
│ ①事業展開活動                                 │  │ ④投資活動   │
│  ┌──────────────┐ ┌──────────┐ ┌──────────┐ │  │ ┌─────────┐ │
│  │営業・販売活動 │ │製造活動   │ │研究開発   │ │  │ │設備投資 │ │
│  │              │ │仕入活動   │ │管理活動   │ │  │ └─────────┘ │
│  │ ┌────┐ ┌────┐│ │┌────────┐│ │┌────────┐│ │  │ ┌─────────┐ │
│  │ │売上高│販売費││ ││売上原価││ ││一般管理費││ │  │ │資産売却 │ │
│  │ └────┘ └────┘│ │└────────┘│ │└────────┘│ │  │ └─────────┘ │
│  └──────────────┘ └──────────┘ └──────────┘ │  └─────────────┘
│  ┌─────────────────────────────────────────┐│  ┌─────────────┐
│  │売上債権・在庫・仕入債務などの回転期間     ││  │ ⑤財務活動   │
│  └─────────────────────────────────────────┘│  │ ┌─────────┐ │
└─────────────────────────────────────────────┘  │ │借入金   │ │
┌─────────────────────────────────────────────┐  │ │増資     │ │
│  ②           ③ ⑥         ⑦               │  │ └─────────┘ │
│ ┌──────┐   ┌──────┐   ┌──────────┐        │  │ ┌─────────┐ │
│ │計画   │   │計画   │   │計画キャッシュ│      │  │ │借入返済 │ │
│ │損益計算書│ │貸借対照表│ │フロー計算書│      │  │ └─────────┘ │
│ └──────┘   └──────┘   └──────────┘        │  │ ┌─────────┐ │
│ 計画財務諸表                                 │  │ │株主配当 │ │
└─────────────────────────────────────────────┘  │ └─────────┘ │
                                                   └─────────────┘
```

　営業・販売活動から売上高と販売費が計算される。仮に営業担当者を増員するなら販売費の給与手当が増えるであろうし，法定福利費も増える。また車両費や旅費交通費なども増えるであろう。製造活動や仕入活動は売上原価に反映され，管理活動は一般管理費に反映される。こうして計画損益計算書ができ上がっていく。

　損益計算書ができると，貸借対照表を作成する。投資活動や財務活動が反映されて資産や負債の勘定科目が数値計画化される。売上債権や在庫，支払債務の残高は売上債権の回収方針や在庫計画ならびに支払方針などの諸計画に沿って数値化し貸借対照表に反映させる。

　損益計算書と貸借対照表ができると，間接法によるキャッシュフロー計算書を作成する。

(4)　損益項目の数値化

①　売上高

　売上高を計画しようとすると，事業やカテゴリーごと，もしくは顧客ごとの売上数量・単価計画などが必要である。チェーンで展開する小売業や飲食業などの場合は出店計画も関係してくる。業種・業態によってその根拠の組立ては多様である。

　図表3－4－7はクリーニング業の売上計画である。商圏内の世帯数と1世帯当たりのクリーニングの平均年間利用回数の予測から市場規模の予測が立てられる。そして，自社のシェア計画と客単価の計画から売上高の計画ができ上がるという流れである。もちろん，机上の空論とならないために「そのために何をするか」という具体的施策をしっかり立案する必要があることはいうまでもない。

図表3－4－7　クリーニング業の例

（単位：千円）

	実　績		計　画		
	30期	31期	32期	33期	34期
商圏内世帯数　（世帯）	742,253	747,907	752,841	758,255	763,549
平均年間利用回数（回）	5.6	5.4	5.3	5.2	5.1
計画シェア	8.0%	8.2%	8.4%	8.8%	9.5%
計画来店客数（延べ人数）	332,529	329,947	335,165	346,977	369,939
計画客単価（円）	1,215	1,253	1,280	1,300	1,350
個人客クリーニング加工料	404,023	413,424	429,011	451,070	499,418
事業所向け売上	114,800	121,200	130,000	135,000	150,000
売上高計画	518,823	534,624	559,011	586,070	649,418

　個人客クリーニング加工料の売上高の計算式は，以下のとおりである。

売上高 ＝ 年間延べ来店客数 × 客単価
年間延べ来店客数 ＝ 商圏内世帯数 × 平均年間利用回数 × 自社シェア

② 売上原価

　売上原価の計画では，変動費と固定費に分けて個別勘定科目で検討を行う。留意すべきは，しっかりとした具体的施策を踏まえて数値計画を作成しなければならないということである。

　売上原価については，原価計画，仕入計画，在庫計画，要員計画，人件費計画など具体的な方針と施策が必要である。

　主要勘定科目と検討課題をまとめると，図表３－４－８のとおりである。なお，変動費とするか固定費とするかは会社の実態に即して区別すればよい。

図表３－４－８　主要勘定科目と計画の検討事項(例)

区分	勘定科目	検討事項など
変動費	仕入高	相見積りや仕入先との価格交渉は可能か
		新たな仕入先を開拓できないか
		仕入先の集約で価格を下げられないか
		為替リスクを軽減するスキーム
		支払条件の見直し（現金仕入など）で割引できないか
		同業者との共同購入ができないか
	原材料費	仕入高の検討事項に加えて， ・設計の見直しで材料の使用量を減らせないか ・代替材料はないか ・歩留り向上をどうするか
	外注加工費	外注業者の開拓，相見積り
		集約化でコスト削減が可能か
		内製化できないか
		コストの安い海外で外注できないか
	消耗品費	メンテナンスの向上

	使用電力料	工場全体の省電力化の取組み
		工場の稼働日数や稼働時間の検討
	棚卸資産増減	在庫削減の全社的運動
		適正在庫の検討
		リードタイム短縮による仕掛品・製品在庫の削減
固定費	労務費	多能工化による人材の効率的活用
		業務改善による時間外労働時間の削減
		業務の担い手の見直し
	減価償却費	保有償却資産の償却予定額を計算
		新規投資の年間償却額を見積もる
	リース料	設備投資の規模とリース利用の可否
		年間リース料を見積もる
		銀行からの資金調達の可否とあわせて検討する
	地代家賃	貸主との価格交渉
		代替地への移転の可否と経済的効果の検討
		施設・設備の統廃合の検討
	その他	削減の可否を検討
		戦略的な投資として増額もありうる

③　在庫増減について

変動費の中の在庫の増減について述べておく。

財務会計で売上原価の計算は期首在庫に仕入を加えて期末在庫を控除して計

算される。つまり期末在庫が多いと売上原価が減り，結果として利益が大きくなるが，資金が在庫として企業内に寝ている状態になるので企業の営業キャッシュフローは悪化することになる。在庫は回転期間から計算するが，これについては(5)「貸借対照表の数値化」で説明する。

④ 販売費及び一般管理費

販売費及び一般管理費の計画でも，売上原価と同様に変動費と固定費に分けて検討を進める。一般的に販売費及び一般管理費の多くが固定費であり，変動費はかなり限られた数の勘定科目である。

販管費及び一般管理費の計画については要員計画，人件費計画，その他の販売費及び一般管理費計画が必要となる。特に販売費における広告費や宣伝費，接待交際費は営業政策面の方針が反映される固定費であり，費用というよりも営業活動に対する投資としての側面が強いことから経営陣や営業責任者の意思決定が重要になる。

図表３－４－９ 主要勘定科目と計画の検討事項(例)

区分	勘定科目	検討事項など
変動費	販売手数料	直販と代理店のチャネル政策の検討（直販の強化もしくは代理店の強化）
		エージェントの見直しや料率の交渉
	荷造り運送費	ロジスティクス戦略の立案
		物流拠点の見直し（集約化・分散化の検討）
		3PL（※）の検討
		倉庫のロケーション管理
		他企業との共同運送
固定費	人件費	営業担当者や販売員の要員計画
		管理部門の要員計画
		営業活動・間接業務の改善による時間外労働の削減
		多能職化による効率的人員配置
		業務の担い手の見直し

	販売促進費の費用対効果の検討
その他	広告宣伝費の費用対効果の検討
	旅費交通費の効果的・効率的運用

(※)　3 PL：サード・パーティー・ロジスティクス。荷主に対して物流機能を一括包括して提案し受注するアウトソーシング。

⑤　営業外収支（営業外収益，営業外費用）

　営業外収支については，営業外収益計画，営業外費用計画が必要となる。営業外収益は第1章①で述べたとおり，営業に関係ない収益であり，受取利息や受取配当金，雑収入などである。特に大きな変化がないと想定されることが多く，直近の実績や過去数期の平均値を横ばいで計画されることが多い。

　営業外費用で大きな金額の科目は支払利息であるが，これは借入金・社債の残高と調達コストに左右される。したがって，貸借対照表を作成してから借入金・社債の残高を考慮して再度調整する必要がある。

　図表3-4-10は支払利息計画の計算表である。借入金の平均残高に平均金利を乗じて算出する。平均残高は期首残高と期末残高の平均でもよい。

図表3-4-10　支払利息の計画

(単位：千円)

| | 実　績 | | 計　画 | | |
	40期	41期	42期	43期	44期
借入金平均残高	1,030,873	1,016,809	1,008,928	997,031	978,049
平均金利	2.565%	2.632%	2.600%	2.750%	2.750%
支払利息	26,443	26,760	26,232	27,418	26,896
手形割引	27,840	36,915	46,792	37,119	25,000
平均金利	1.011%	0.978%	1.000%	1.250%	1.250%
手形売却損	281	361	468	464	313

⑥　特別損益，その他

　特別利益，特別損失は確定しているものを計上するが，特になければ計上す

る必要はない。法人税等調整額は，税務上の欠損金の有無によって当期純損益やキャッシュフローに与える影響も少なくないことから，税務面での検討が欠かせない。

■繰越欠損金控除制度の概要 ［令和4年4月1日現在の法令等］

　確定申告書を提出する法人の各事業年度開始の日前10年以内に開始した事業年度で青色申告書を提出した事業年度に生じた欠損金額は，各事業年度の所得金額の計算上損金の額に算入される。ただし，平成30年4月1日前に開始した事業年度において生じた欠損金額の繰越期間は9年。

■繰越控除される欠損金額

　中小法人等（資本金1億円以下の普通法人）以外の法人の各事業年度における上記の控除限度額は，繰越控除をする事業年度のその繰越控除前の所得の金額に対してそれぞれ次の率を乗じた金額とされている。

　(1)　平成24年4月1日から平成27年3月31日開始事業年度：100分の80

　(2)　平成27年4月1日から平成28年3月31日開始事業年度：100分の65

　(3)　平成28年4月1日から平成29年3月31日開始事業年度：100分の60

　(4)　平成29年4月1日から平成30年3月31日開始事業年度：100分の55

　(5)　平成30年4月1日から開始事業年度：100分の50

　繰越欠損金控除制度は，過去頻繁に改正が行われているため，非常に複雑なものとなっている。欠損金が発生した事業年度によって繰越しできる期間や金額が異なるので注意が必要である。

---

⑦　管理会計の変動損益計算書から財務会計の損益計算書への変換

　管理会計による変動損益計算書をベースにして利益計画を作成した場合には，財務会計による損益計算書に変換する必要がある。特に上場企業や大企業（資本金5億円以上または負債総額200億円以上の企業）の情報開示では，財務会計ベースで開示することが求められる。また，金融機関に提出する際にも同様のことがいえる。

その場合は，変動費・固定費を製造原価と販売費及び一般管理費に分ける作業が必要である。

図表3－4－11 管理会計から財務会計への変換具体例

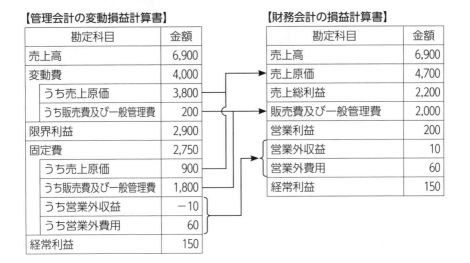

【管理会計の変動損益計算書】

勘定科目	金額
売上高	6,900
変動費	4,000
うち売上原価	3,800
うち販売費及び一般管理費	200
限界利益	2,900
固定費	2,750
うち売上原価	900
うち販売費及び一般管理費	1,800
うち営業外収益	－10
うち営業外費用	60
経常利益	150

【財務会計の損益計算書】

勘定科目	金額
売上高	6,900
売上原価	4,700
売上総利益	2,200
販売費及び一般管理費	2,000
営業利益	200
営業外収益	10
営業外費用	60
経常利益	150

(5)　貸借対照表の数値化

　計画する売上債権回転期間，棚卸資産回転期間，仕入債務回転期間と計画売上高・在庫計画から各勘定残高を数値化する。また，投資計画・減価償却計画から固定資産勘定，投資勘定を，資金調達・返済計画から有利子負債の残高を数値化する。配当方針や資本政策（増資・自己株式の取得）は資本に反映される。

　回転期間は，残高を平均月商で割ることで求められるが，平均日商を使って求めることもできる。残高は期末残高もしくは期首期末平均を使う。

①　利益剰余金

　利益剰余金など，純資産の部は損益計算書と連動させるようにする。その他増資など資本政策があればそれも反映させる。

図表3-4-12 貸借対照表の作成

たとえば，純利益から配当金を支払った残りは利益剰余金に反映させるし，増資を計画しているようであれば資本金，資本準備金に反映させる。自己株式の取得もここに含まれる。この場合の自己株式の金額は純資産のマイナスとして表すことになる。

② 売上債権

売上債権は，モノやサービスを販売してその代金をまだ受け取っていない債権のことをいい，具体的には売掛金や受取手形である。通常の商取引では取引条件として現金引換えでない限りは一定期間の後に代金を支払うことが多い。つまり掛けや手形での支払条件で販売した場合の勘定科目である。

どのように計画数値を作るかは，あくまで理論値という考え方になる。平均的な売上債権回転期間をもとに期末残高の理論値を求める。そして，不良債権の処理を計画している場合はその処理金額を差し引く。

したがって，計算式は以下のとおりとなる。

平均月商 × 売上債権回転期間（月）

受取手形平均サイト，売掛金平均サイトを個別に計算することも可能である。

前述のとおり，不良債権の処理を計画している場合はここからその処理額を差し引く。また，平均月商で計算したが平均日商，サイト（日）を使っても結果はほぼ同じである。

図表3－4－13は平均日商と回転期間からの計算例である。

図表3－4－13 売上債権の計算例

（単位：千円）

	実　績		計　画		
	30期	31期	32期	33期	34期
売上高	609,550	653,350	670,000	690,000	730,000
平均日商	1,670	1,790	1,836	1,890	2,000
受取手形回転期間（日）	31.0	34.0	30.0	29.0	29.0
受取手形残高	51,770	60,860	55,068	54,822	58,000
売掛金回転期間（日）	62.0	63.0	61.0	60.0	60.0
売掛金残高	103,540	112,770	111,973	113,425	120,000

③　棚卸資産（在庫）

棚卸資産の計算についても，考え方は売上債権の場合と同じである。つまり売上高と棚卸資産回転期間の関係から計算される。在庫が多いと売れ残りのリスクや陳腐化リスクがあることから少ないほうが望ましい。しかし，欠品を起こすことも営業上の信用失墜や機会ロスを生むことから好ましくない。したがって，製造リードタイムを短縮して，かつ，適正在庫を確保することが重要である。計画の策定では，こういった在庫管理の方針に基づいて在庫量（金額）を数値化することになる。

政策的に在庫を現状から何割・何％削減するというやり方もあるが，ここでは棚卸資産回転期間からの算出方法を示す。

> 平均月商 × 棚卸資産回転期間（月）

売上債権と同様に，デッドストック（不良在庫）や長期滞留品の処分を計画している場合にはその処分金額を差し引く。また，平均月商の代わりに平均日

商，サイト（日）を使っても結果はほぼ同じである。

図表３－４－14 棚卸資産の計算例

（単位：千円）

	実　績		計　画		
	30期	31期	32期	33期	34期
売上高	609,550	653,350	670,000	690,000	730,000
平均日商	1,670	1,790	1,836	1,890	2,000
製品回転期間（日）	35.0	33.0	30.0	29.0	28.0
製品残高	58,450	59,070	55,068	54,822	56,000
仕掛品回転期間（日）	7.0	7.5	7.0	7.0	6.5
仕掛品残高	11,690	13,425	12,849	13,233	13,000
原材料回転期間（日）	10.0	11.0	10.0	9.0	9.0
原材料残高	16,700	19,690	18,356	17,014	18,000

④　仕入債務

　仕入債務は，売上債権とは逆に支払サイトの長いほうが資金繰りは楽になる。しかし，ここで気をつけないといけないのは，支払サイトを延ばすことは信用不安につながることもあるということである。したがって，支払サイトを延ばすにも仕入先との信頼関係を維持する範囲内で行う必要がある。

　理論的な計算方法は，売上債権と同様に考えればよい。

> 平均月商　×　仕入債務回転期間（月）

　ここで厳密にいうと，「売上高（平均月商）」ではなく「仕入高」を使うべきという考え方もある。売上高に対する仕入高の割合が大きく変動する場合には仕入高を使ったほうがよいであろう。しかし，ある程度安定している場合には売上高を使っても仕入高を使っても，それほど大きく変わらない。実務上は売上高を使って差し支えないが，あくまで企業の実態に即してどちらを選ぶかを決めればよい。

図表3－4－15 支払債務の計算例

(単位：千円)

	実　績		計　画		
	30期	31期	32期	33期	34期
売上高	609,550	653,350	670,000	690,000	730,000
平均日商	1,670	1,790	1,836	1,890	2,000
支払手形回転期間（日）	15.0	16.0	16.0	16.0	16.5
支払手形残高	25,050	28,640	29,370	30,247	33,000
買掛金回転期間（日）	32.0	31.0	31.0	31.0	31.0
買掛金残高	53,440	55,490	56,904	58,603	62,000

⑤　**有形固定資産**

　有形固定資産の残高計画では償却資産，たとえば建物，構築物，機械設備，器具備品などは減価償却と廃棄・投資を計画数値に落とし込む作業が必要となる。

　計算式は以下のとおりである。

期首残高 － 減価償却額 － 除却損 ＋ 設備投資額

　さらに，これに加えて資産売却があれば当該資産の簿価を差し引くことになる。

　減価償却額については，設備投資の時期によって初年度の償却額が異なる。投資の時期が未定であれば，年間償却額ないしは半年分を計上する。

　土地は償却資産ではないことから，土地の売却や土地の購入を加減することになる。

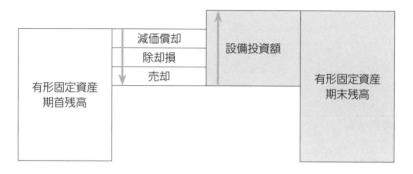

図表３－４－16 有形固定資産の残高計算イメージ

⑥　投資その他の資産

　投資その他の資産については，売却・回収と購入を期首残高に加減することになる。保有有価証券等の評価損は予測がつかないことから数値化しないケースもあるが，評価性引当金という形で貸倒引当金の残高を考慮することも可能である。長期貸付金などの場合は期中の貸出実行額を加えて，回収額を控除して残高を計算する。

> 期首残高　＋　期中投資額　－　期中回収額

⑦　長期借入金・社債

　長期借入金は，期首残高に期中の調達額を加えて期中の約定返済額をマイナスすることで残高を計画する。調達額は設備投資の計画やその他投資計画などが反映される。返済額については，金融機関との約定による返済と計画期間中の調達した借入に伴う返済も考慮する必要がある。

> 期首残高　＋　調達額　－　返済額

図表3－4－17　資金調達・返済計画(例)(再掲)

(単位：百万円)

		実　績	見込み	計　画		
		11期	12期	13期	14期	15期
短期借入金						
	期首残高	28,500	28,200	30,300	30,300	25,900
	調達		2,100			
	返済	300			4,400	
	期末残高	28,200	30,300	30,300	25,900	25,900
長期借入金						
	期首残高	42,756	70,316	62,548	57,116	56,995
	調達	72,192	40,000	35,000	44,000	38,000
	返済	44,632	47,768	40,432	44,121	41,645
	期末残高	70,316	62,548	57,116	56,995	53,350
有利子負債残高		98,516	92,848	87,416	82,895	79,250
	増減		△5,668	△5,432	△4,521	△3,645

⑧　**短期借入金**

　短期借入金は通常，運転資金見合いで調達するものと考えてよい。つまり売上債権・在庫の残高と仕入債務のギャップを埋めるものである。さらに手許流動性資金として現預金も一定の水準を保つ必要があることから，それも考慮する必要がある。

　所要運転資金の求め方は以下のとおりである。

所要運転資金　＝　売上債権　＋　在庫　－　仕入債務

　回転期間などから計算できるものやその他の資産・負債を数値化して，最後に短期借入金と現預金の残高を調整して貸借のバランスをとる。

図表３－４－18 短期借入金と現預金の調整イメージ

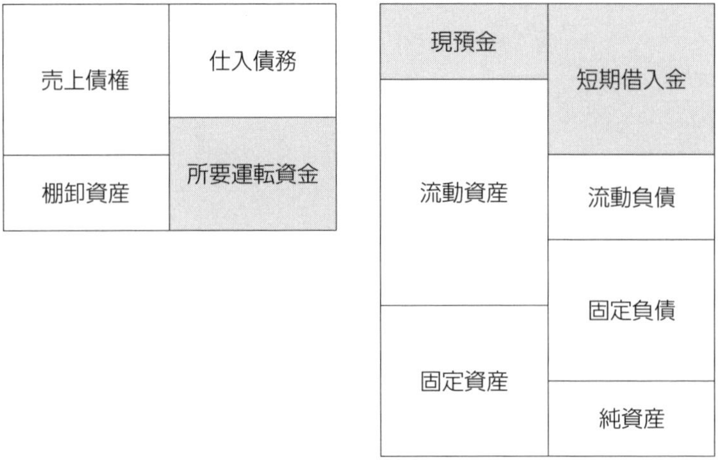

⑨　借入金の返済額の決定方法

　借入金の返済額はどうやって決めるのか。銀行との契約があるので返済額はおおむね決まっているのが普通である。業績が厳しい企業では１年の返済額を毎年交渉して決めているところも少なくない。

　約定どおりに返済できない場合は，期中で新たに借入を起こす必要がある。銀行も設備資金を貸す場合に，このような反復の貸出実行を想定して融資することもある。また社債は返済期限が決まっており，期限に一括返済するのが通常であるが，これも一気に返済ができないときには，借入金にて借換えをすることになる。

　そういうわけで年間の返済額は期中の返済額から調達額を差し引いた実質的な借入金の減少額という捉え方をする。

　返済の原資となるのは企業の利益であるが，費用にはキャッシュの支払を伴わない（非現金性の）減価償却費が含まれていることから実際のキャッシュフロー・ベースではこの減価償却費を経常利益に加算してやる必要がある。本書では，この「経常利益＋減価償却費」を「簡易キャッシュフロー」と呼ぶこと

とする。

　年間の返済額は，簡易キャッシュフローの範囲内が最大限の金額であると考えられる。ただし，運転資金の増減に伴う借入金は短期借入金の増減で対応するものと考える。つまり長期借入金・社債の返済原資を簡易キャッシュフローと捉えればよい。しかし，企業が稼いだキャッシュフローをすべて借入金の返済に充ててしまうと将来への投資に回すことができず，また株主に配当することもできなくなる。したがって，簡易キャッシュフローの一定割合を返済に充てるというスタンスでよい。では，一定割合とはどの程度なのか。おおむね簡易キャッシュフローの6割程度を返済に充てればよいのではないか。そして4割は将来の成長の芽に対する投資に充てるなど有効に使うべきである。

(6)　キャッシュフロー計算書の作成

　計画策定では，キャッシュフロー計算書は間接法により作成される。つまり，計画損益計算書と計画貸借対照表が決まれば自然に計画キャッシュフロー計算書が決まってくる。会計ソフトで作ることができない場合でも，Excelなどの表計算ソフトで貸借対照表，損益計算書のデータと連動して作成することは可能である。

図表3-4-19 貸借対照表とキャッシュフロー計算書の関係のイメージ

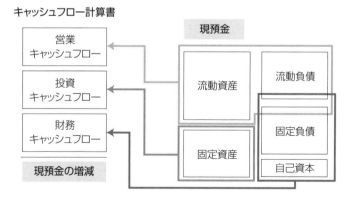

図表3－4－20 損益計算書とキャッシュフロー計算書の関係のイメージ

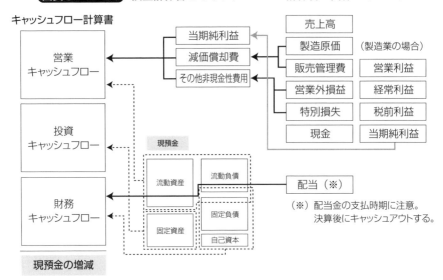

① 営業キャッシュフロー

　営業キャッシュフローの算出は，税金等調整前当期純利益に加減することから始まる。

　営業で稼いだキャッシュフローであるから損益計算書の利益や運転資金の増減などから計算される。

【作成のポイント】

- 減価償却費などの非現金性の費用を加算するのは，これらの費用が損益計算書上では費用としながらも実際に現金が出ていくわけではないからである。
- 固定資産売却益や固定資産除却損など，特別損益で営業に関係のない損益を加減する。
- 運転資金の増減を加減する。たとえば，売上債権・在庫の増加は所要運転資金の負担増加となり，キャッシュフローのマイナス要因となる。仕入債務の増加は運転資金の減少につながり，キャッシュフローのプラス要因と

なる。

- 金融収支（受取利息・支払利息）と税金は，実際に支払った現金ベースで計算する。

図表３－４－21　法人税等の支払額の計算

　図表３－４－22のとおり金融収支前・法人税等支払前のキャッシュフローを明確にするためにいったん小計を置いているが，中小企業では特にそのようなことはしていないケースが多い。

図表3－4－22 営業キャッシュフロー(例)

営業活動によるキャッシュフロー	(単位：百万円)
税金等調整前当期純利益	123,390
減価償却費及びその他の償却費	18,573
減損損失	116
のれん償却額	5,664
貸倒引当金の増減額（△は減少）	166
退職給付引当金の増減額（△は減少）	－
その他の引当金の増減額（△は減少）	1,534
受取利息及び受取配当金	△ 690
支払利息	568
為替差損益（△は益）	491
固定資産除却損	1,028
売上債権の増減額（△は増加）	△ 2,290
棚卸資産の増減額（△は増加）	△ 6,899
仕入債務の増減額（△は減少）	11,670
その他の資産の増減額（△は増加）	4,404
その他の負債の増減額（△は減少）	3,760
その他収支	△ 1,319
小計	160,166
利息及び配当金の受取額	695
利息の支払額	△ 590
法人税等の支払額	△ 42,913
法人税等の還付額	10,280
営業活動によるキャッシュフロー	127,638

② **投資キャッシュフロー**

投資キャッシュフローは固定資産の増減と投資その他の資産の増減が反映される。将来の成長に向けた投資が必要であると考えられることから，投資キャッシュフローはマイナスであることが望ましい姿である。有価証券や不動産などの売却・償還による投資回収が多額に上る場合にはプラスになることもある。

間接法による償却資産の取得による支出額の計算例を示すと，図表3－4－23のとおりとなる。

図表3－4－23 償却資産の増減のイメージ

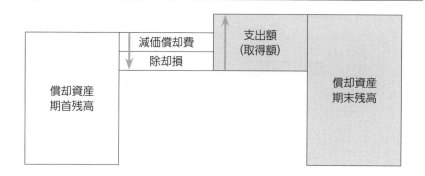

支出額 ＝ 期末残高 － 期首残高 ＋ 減価償却費 ＋ 除却損

　基本的に投資キャッシュフローは営業キャッシュフローで賄うことが望ましいといえるが，投資額が大きくなると財務キャッシュフロー，つまり有利子負債も使うことになる。

図表3－4－24 投資キャッシュフロー（例）

投資活動によるキャッシュフロー	（単位：百万円）
有形固定資産の取得による支出	△ 23,980
有形固定資産の売却による収入	229
無形固定資産の取得による支出	△ 7,451
無形固定資産の売却による収入	47
敷金及び保証金の増加による支出	△ 7,900
敷金及び保証金の回収による収入	3,260
建設協力金の増加による支出	△ 852
建設協力金の回収による収入	1,876
預り保証金の増加による収入	83
預り保証金の減少による支出	△ 230
貸付金の増加による支出	△ 63
貸付金の回収による収入	152
その他投資活動による収支	△ 438
投資活動によるキャッシュフロー	△ 35,267

③　財務キャッシュフロー

　財務キャッシュフローは主に借入金や社債による資金調達と返済，増資による資金調達および株主への配当など企業の財務活動によるキャッシュフローの動きを示すものである。ここでは長短借入金の増減や増資による資金調達・返済や配当など資本・配当政策が反映される。

図表３－４－25　財務キャッシュフロー（例）

財務活動によるキャッシュフロー	（単位：百万円）
短期借入金の純増減額（△は減少）	△ 1,288
長期借入による収入	2,381
長期借入金の返済による支出	△ 5,626
自己株式取得及び処分による純増減額	△ 5
配当金の支払額	△ 21,892
少数株主への配当金の支払額	△ 248
リース債務の返済による支出	△ 2,345
その他	△ 29
財務活動によるキャッシュフロー	△ 29,052

④　フリー・キャッシュフロー

　フリー・キャッシュフローとは，企業が自由に使えるキャッシュフローをいう。つまり企業の活動資金の源泉であり，それは営業キャッシュフローから事業活動の維持に必要な維持投資を控除したものとして「営業キャッシュフロー－維持投資」として表すことができる。簡易かつ便宜的に「営業キャッシュフロー－投資キャッシュフロー」と表すこともあるが，厳密には先に述べた営業キャッシュフローから維持投資のキャッシュフローを控除したものと考えてよいであろう。もちろん，投資キャッシュフローのうち投資回収や資産売却により収受したキャッシュフローと営業キャッシュフローを合計したものをフリー・キャッシュフローということもできる。

　企業は，このフリー・キャッシュフローを次の成長の芽に対する投資や有利子負債の返済ならびに投資家への配当等に充てることができる。

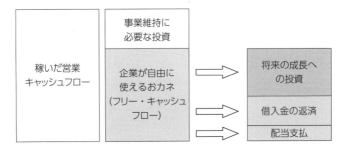

図表3－4－26 フリー・キャッシュフローのイメージ

⑤　キャッシュフローと現預金の関係

　営業キャッシュフロー，投資キャッシュフローと財務キャッシュフローの合計は資金（キャッシュ）の増減となり，企業の貸借対照表の現預金の残高の増減に一致するはずである。ただし，外貨建資産を持っている企業などは為替の影響を考慮して現金の換算差額を加減してやる。

営業活動によるキャッシュフロー	127,638
投資活動によるキャッシュフロー	△ 35,267
財務活動によるキャッシュフロー	△ 29,052
現金及び現金同等物に係る換算差額	68
現金及び現金同等物の増減額（△は減少）	63,387
現金及び現金同等物の期首残高	202,104
現金及び現金同等物の期末残高	265,491

図表３－４－27 キャッシュフローと現金及び現金同等物の増減

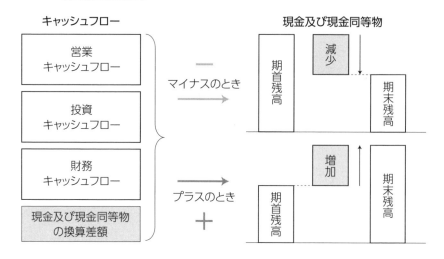

エクササイズ3

自社の数値目標を設定して，数値計画を作成してください。

［計画損益計算書（変動損益計算書）］

科目	実績	当期見込み	計画		
			1年目	2年目	3年目
売上高					
変動費					
限界利益					
限界利益率					
固定費					
人件費					
経常利益					
損益分岐点比率					

[計画貸借対照表]

科目	実績	当期見込み	計画		
			1年目	2年目	3年目
現預金					
売上債権					
棚卸資産					
その他流動資産					
流動資産計					
有形固定資産					
無形固定資産					
投資その他の資産					
固定資産計					
繰延資産					
資産合計					

科目	実績	当期見込み	計画		
仕入債務					
短期借入金					
その他流動負債					
流動負債計					
長期借入金					
その他固定負債					
固定負債計					
負債合計					
資本金					
剰余金等					
純資産合計					
負債・純資産合計					

[計画キャッシュフロー計算書]

科目	実績	当期見込み	計画		
			1年目	2年目	3年目
営業キャッシュフロー					
投資キャッシュフロー					
財務キャッシュフロー					
現金及び現金同等物の増減					
現金及び現金同等物期首残高					
現金及び現金同等物期末残高					

5 投資の意思決定

要 点 ....

☑ 投資を計画する際に重要になってくるのが投資の意思決定である。

☑ 経営者は投資の是非を判断する基準を持っていなければならない。

☑ 投資額と投資回収のシミュレーションが重要である。

....

　経営計画の数値化とは，いくらの投資をしてどのような成果を上げるかであることは前述のとおりである。事業展開活動における投資には，人への投資として賃上げやリスキリングへの支援などがあり，事業への投資としてシステムや設備への投資，もっと大きく事業を展開するM&Aによる企業買収などさまざまである。

　ここでは具体的な投資として，設備投資やM&Aの投資などに使われる意思決定の考え方について述べたい。

⑴ 投資の評価方法

　企業が投資の意思決定をする場合によく使われる投資評価方法には，回収期間法，NPV（正味現在価値）法，IRR（内部収益率）法の3つがある（図表3－5－1）。いずれも，投資額とそこから将来にわたって生み出されるキャッシュフローの大きさから投資の評価をする点では同じである。回収期間法は，シンプルでわかりやすいことから中小企業の間でよく使われる。

　一方，NPV法とIRR法はファイナンス理論の領域であり，大企業で一般的に使われている。それぞれメリット・デメリットがあり，複数の方法で検討することが望ましい。

図表3－5－1 投資の意思決定方法

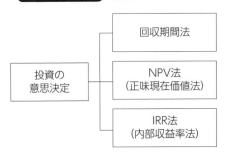

(2)　回収期間法

回収期間法は，投資から得られるキャッシュフローを使って「何年」で投資回収ができるかという回収期間で評価する方法である。

①　回収期間法の長所

回収期間法における投資の評価は投資の回収期間を計算するだけである。投資後に創出される将来キャッシュフローさえ見積もれば，容易に計算することができる。

たとえば，5億円の投資案件があったとし，そこから得られるキャッシュフローは毎年5,000万円である。その場合の回収期間は10年となる。

5億円 ÷ 5,000万円 ＝ 10　⇒　回収期間10年

企業の判断として，投資の回収期間を10年以内と決めていれば，この投資は「可」であるが，回収期間を5年以内としていれば，この投資は「不可」つまり否決とされる。このように単純で判断しやすいことから中小企業の経営者はよく使うわけである。

②　回収期間法の短所

回収期間法はシンプルだが，回収期間の短いプロジェクトを優先することか

ら，それ以外の効果が軽視されることがある。

たとえば，2つのプロジェクトでどちらを採用するべきか，回収期間法を使って検討してみる。

図表3－5－2 回収期間法による検討

（単位：百万円）

	投資	投資から得られるキャッシュフロー					回収期間
		1年目	2年目	3年目	4年目	5年目	
プロジェクト①	−1,000	100	300	400	400	200	3.5年
プロジェクト②	−1,000	200	500	300	100	100	3.0年

図表3－5－2のとおり，2つのプロジェクトはどちらも投資額は1,000百万円である。投資額はお金が出ていくのでマイナス表示している。プロジェクト①の回収期間は3.5年，プロジェクト②は3年である。①と②のいずれかを選択しなければならないとすると，回収期間法ではプロジェクト②を採用するということになる。

しかし，5年間のキャッシュフロー合計は，プロジェクト①は14億円，プロジェクト②は12億円となり，①のほうが多い。回収後のキャッシュフローも評価すると，必ずしも回収期間の短い②を選択することが正しいとはいえない。

また，回収期間法のもう1つの短所として，時間的価値の概念がないことが挙げられる。たとえば，1億円を利回り3％で1年間運用すると，1年後には1億3百万円になる。ところが回収期間法では，今現在の1億円も1年後の1億円も同じ価値として評価している。つまり回収期間法では，時間的価値を考慮しないという欠点がある。

(3) NPV（正味現在価値）法

NPV法とは，投資から得られるキャッシュフローの現在価値の総和から投資額を差し引いたものがプラスかマイナスかで投資の意思決定をする手法である。

①　現在価値

　前述の時間的価値とは，将来の価格変動によって利益が得られるかもしれないという「期待」に対する価値である。投資（特にオプション取引）やファイナンスにおいてよく使われている概念である。たとえると「1年後の100円は今の100円ではない」という考え方である。将来の価値を現在の価値に割り戻したものを「現在価値」という。そして現在価値に引き直す手法はDCF法（後述）と呼ばれている。

■現在価値の考え方
- 100円を利子率10％で運用した1年後の価値は
  元本（100円）＋利息（100円×10％）＝110円
- つまり，X円を利子率 r ％で運用した1年後の価値Yは
  $Y = X + rX = (1 + r)X$
- 逆に，Yの1年前，すなわち現在価値Xは
  $X = Y \div (1 + r)$ となる。
- では，n年後のキャッシュフローCF$_n$の現在価値は，$(1 + r)$ の n 乗で割り戻すことで算出できる。

  $$CF_n の現在価値 = CF_n \times \frac{1}{(1 + r)^n}$$

- 将来のキャッシュフローを現在価値に割り戻すことから，r のことを割引率と呼ぶ。

  $\dfrac{1}{(1 + r)^n}$ のことを「現価係数」という。

- 現価係数表：割引率と時間のマトリックスで割引率と経過年数ごとの現価係数を一覧表にしたもの

148

図表３－５－３ 現価係数表

期間	割引率									
	1%	2%	3%	4%	5%	6%	7%	8%	9%	10%
1年	0.990	0.980	0.971	0.962	0.952	0.943	0.935	0.926	0.917	0.909
2年	0.980	0.961	0.943	0.925	0.907	0.890	0.873	0.857	0.842	0.826
3年	0.971	0.942	0.915	0.889	0.864	0.840	0.816	0.794	0.772	0.751
4年	0.961	0.924	0.888	0.855	0.823	0.7	0.7	0.7	0.708	0.683
5年	0.951	0.906	0.863	0.822	0.784				0.650	0.621
6年	0.942	0.888	0.837	0.790	0.746	0.7	0.6	0.6	0.596	0.564
7年	0.933	0.871	0.813	0.760	0.711	0.665	0.623	0.583	0.547	0.513
8年	0.923	0.853	0.789	0.731	0.677	0.627	0.582	0.540	0.502	0.467
9年	0.914	0.837	0.766	0.703	0.645	0.592	0.544	0.500	0.460	0.424
10年	0.905	0.820	0.744	0.676	0.614	0.558	0.508	0.463	0.422	0.386

$$\frac{1}{(1+0.05)^5}$$

たとえば，５年後の１億円の現在価値は，割引率を５％とすると…

１億円 × 0.784 = 78.4百万円

逆にいうと78.4百万円を５％で５年間複利で運用すると１億円になる。

１億円

78.4 × (1＋5％)⁵

現在　　　　　　　　　　　　　５年後

② **DCF法**

DCFはDiscounted Cash Flowの略で，DCF法とは上記のように時間的価値から投資の現在価値を算出する手法である。M&Aの買収金額を算定する際にも必ずといってよいほど使われる評価手法である。

投資期間の終了時の残存価値をターミナル・バリュー（T/V）というが，T/Vには２つの前提がある。

事業やプロジェクトが一定期間，たとえば10年で終了を予定している場合は

その終了時点で清算することになるため，『清算価値』がT/Vとなる。在庫や固定資産は現金化され，負債を返済して残った現金がT/Vとなる。

　事業やプロジェクトが永久に継続するという前提に立つ場合は，『永続価値』がT/Vとなる。その場合にN年後のキャッシュフローが永久に続くと仮定するT/Vと，キャッシュフローが一定の成長率でそれ以降永続すると仮定するT/Vとで計算方法は異なる。

- N年後のキャッシュフローが永続する場合：$T/V = CF_n \div$ 割引率
- 一定の成長率でそれ以降永続する場合：$T/V = CF_n \div$（割引率－成長率）

　M&Aによる企業買収などは投資期間が定まっているわけではない。そこでM&A投資の意思決定では，5年程度のキャッシュフローを見積もり，6年目以降は5年目のキャッシュフローが永続すると仮定してT/Vを計算し，さらに現在価値に割り戻す。

> 永続価値 ＝ 見積り最終年のキャッシュフロー（CF_5）÷（割引率）r

図表3－5－4　DCF法の考え方

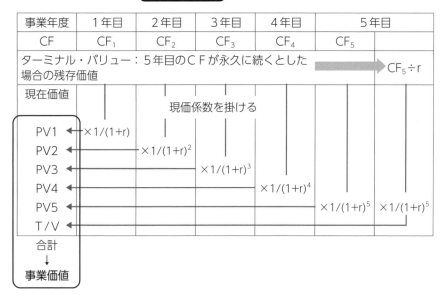

DCF法で使う割引率は，一般的にWACC（ワック＝Weighted Average Cost of Capital）が使われる。

参考 WACCとは

WACC＝Weighted Average Cost of Capitalとは，有利子負債の調達コストと株主の期待収益率である株主資本コストの加重平均であり，加重平均資本コストと訳される。社内金利の基準金利や企業価値算定のDCF評価のディスカウントレートなどに使われる。

$$WACC = \frac{D}{D + E} \times rD(1 - T) + \frac{E}{D + E} \times rE$$

D ： 有利子負債額
E ： 株主資本時価。株式の時価総額（株価×発行済株式数）
rD ： 負債資本コスト（調達コスト），支払利息が税務上損金になるので（1 - T）を掛ける
T ： 実効税率
rE ： 株主資本コスト（株式の期待収益率）

$$rE = rF + \beta(rM - rF)$$

rF ： リスクフリーレート
β ： 株式のベータ値。株式市場全体と個別株式の感応度のこと。ある一定期間，株式市場全体の収益率が「1」動いたときに，個別株の収益率はどれくらい動くかを示す数値。
rM ： 株式市場全体の期待収益率。株式市場の全銘柄に投資した場合の期待収益率。
※ リスクフリーレート：リスクのない（極めて小さい）投資の利回り。日本では10年もの国債利回りが使われる。
※ rM－rF：リスクプレミアム。一般的には4〜7％が使われることが多い。

③ NPV（正味現在価値）法とは

NPV（正味現在価値）法とは，投資から得られるキャッシュフローをDCF法で現在価値に集計し，そこから初期投資を差し引いたNet Present Value

（NPV：正味現在価値）を評価するものである。

NPV = DCF法で求めたキャッシュフローの現在価値 − 投資額

NPVがプラスのプロジェクトを採択し，NPVの大きいプロジェクトを優先することになる。

図表３−５−５　NPVのイメージ

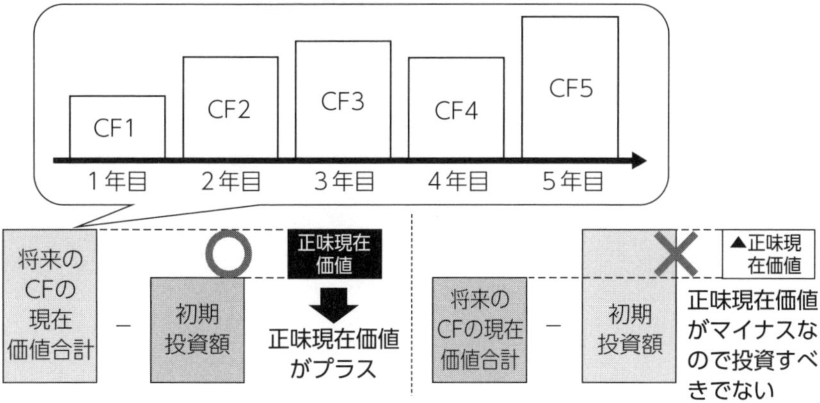

④　**NPV法の長所**

NPV法は，回収期間法と異なり時間的価値を考慮している。投資の意思決定をする際に，その投資の期待収益率（利回り）も考慮している。IRR（内部収益率）法ほど複雑でない。

⑤　**NPV法の短所**

割引率をいくらにするかによって，現在価値が大きく左右される。一般的にWACCを使うことが多いが，大企業以外は算定が難しくて，ややもすると恣意的な運用が行われる。

現在価値のうちT/Vのウエイトが高くなることが多く，最終年度の見積りキャッシュフローによっては，NPVが過大に評価されるおそれがある。

⑥　NPV法の具体例

以下のプロジェクトAとBがあり，どちらを選ぶべきか。NPV法で意思決定する。

- 初期投資額はいずれも2,000百万円
- 資本コストはいずれも6％
- プロジェクトは5年でT/Vは0と仮定する。

プロジェクトA

(単位：百万円)

	1年目	2年目	3年目	4年目	5年目	合計
ＣＦ	200	300	300	600	900	2,300
現価係数	0.943	0.890	0.840	0.792	0.747	－
現在価値	189	267	252	475	672	1,855

NVP＝1,855－2,000＝－145　・・・マイナスなので投資すべきでない。

プロジェクトB

(単位：百万円)

	1年目	2年目	3年目	4年目	5年目	合計
ＣＦ	900	800	400	100	100	2,300
現価係数	0.943	0.890	0.840	0.792	0.747	
現在価値	849	712	336	79	75	2,051

NVP＝2,051－2,000＝51　・・・プラスなので投資してもよい。

　AもBも5年間のキャッシュフローは2,300百万円で同額であるが，NPVで判断するとプロジェクトAを採択すべきである。

(4)　IRR（内部収益率）法

　IRR法とは，Internal Rate of Returnの略で内部収益率法と訳される。投資から得られるキャッシュフローの内部利益率（IRR）を評価する。IRRが必要利益率（一般的には資本コスト）を上回ることが条件で，IRRの高いプロジェ

クトを優先する。

①　IRRとは

IRRは投資額の現在価値と投資から得られるキャッシュフローの現在価値の総和が等しくなるような割引率のことである。IRRの計算は複雑であり，手計算では困難であるが，ExcelのIRR関数を使うことで求めることができる。

図表３－５－６ IRRのイメージ

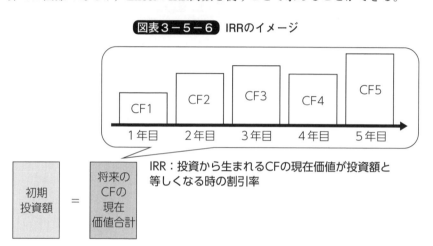

IRR：投資から生まれるCFの現在価値が投資額と等しくなる時の割引率

②　IRR法の長所

IRR法もNPV法と同じく時間的価値を考慮している。複数の投資案件を比較する場合に期待収益率（利回り）の高さで評価することができる。投資期間の異なるプロジェクトでもIRRで比較しやすい。

③　IRR法の短所

IRRの計算が複雑で手計算では計算が困難である（ただし，ExcelのIRR関数で容易に算出はできる）。IRRの数値の大小だけで判断することから，利益の小さなプロジェクトが優先されることもある。

図表３－５－７ IRRによる投資判断

(単位：百万円)

	投資額	投資から得られるキャッシュフロー						IRR
		1年目	2年目	3年目	4年目	5年目	合計	
プロジェクト①	－200	20	60	80	80	40	80	11.3%
プロジェクト②	－2,000	400	1,000	600	200	400	600	10.6%

　IRR法で判断すると，プロジェクト①のほうがIRRが高いので①を選択することになるが，５年間のキャッシュフローの合計はプロジェクト②のほうが大きい。資金力に余裕があるという前提ではあるが，規模の大きなプロジェクト②を選択するという判断もある。

第4章

部門別採算管理制度
会計マネジメントのコアとなるツール

1 部門別採算管理の概要

要　点 ···

☑　組織が専門化・階層化するにつれて部門別の採算管理が必要となる。

☑　経営のコアシステムともいえる部門別採算管理制度の意義・目的をしっかり理解しなければ制度は形骸化する。

···

　部門別採算管理を導入している企業の中には，「他社がやっているから当社も導入する」，「単に部門ごとの競争をさせる」，「会計士やコンサルタントに導入を勧められた」といった理由から実施しているところが見受けられるが，そのような企業では制度が形骸化したり社内で部門間の不協和音が聞かれたりするなど，本来の効果が表れていない。その意義や，何のためにするのかという目的，メリットやデメリットなど，部門別採算管理制度とは何かを知ることが大切な第一歩である。

(1)　部門別採算管理制度の意義

　「集団」とは単なる人の集まりである。そこに集まる人々はバラバラな方向を向いている。そこに共通の目的とリーダーが生まれ，メンバーが同じ方向を向くと，その集団は「チーム」となる。そして，それが徐々に拡大していくとさまざまな機能を役割分担する専門のチームに分化し，やがて「組織」が生まれる。また，それぞれのチームにはリーダーが置かれて，そのチームの能力を最大限発揮して役割責任を果たすことを求められる。

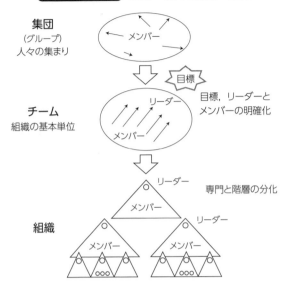

図表４－１－１　組織の専門と階層の分化

　「企業」とはそのようなチーム・組織の集まりであり，それぞれ組織の機能は有機的に結びついて市場に価値を提供して「企業」の業績に結びつける。そのような企業が効率的に事業展開を行っていくには，全体としての事業活動を把握するだけでは不十分であり，事業ごとや機能ごとに把握することが必要である。

　投資家や金融機関などは企業全体の活動と業績を重視することから，企業全体を捉えた財務会計ベースとセグメントごとの業績の開示でも，ある程度満足できる。企業が成長し続けるには常に細かい分析をして適切かつ迅速な対策をとらなければならない。その場合は部門ごとの採算管理ができていないと，組織のどこに問題があるのかが明らかにならない。

　また，業績の評価をする場合にも部門ごとの業績を把握していないと適正な評価をすることもできない。人事考課においても業績を適正に反映することができずに成果の公平な分配もできなくなり，組織のメンバーのモチベーションを損なう結果になりかねない。

図表４－１－２ 部門別採算管理制度を導入するかしないか

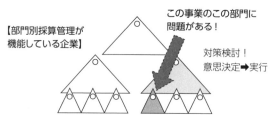

　日本企業は組織力・チームプレーを大切にする。確かにチームプレーも大切であるが，チーム（部門・部署・さらに細分化された単位）ごとの業績を把握することがグローバルな競争に打ち勝っていくための条件ではないだろうか。

　そのようなさまざまな観点からも，部門別採算管理は企業活動の中核をなすツールといえよう。

(2)　制度の目的と狙い

　部門別採算管理制度は，ヒト・モノ・カネ・情報などの経営資源のうち「カネ」を扱う管理会計の領域のみという認識が多くみられる。

　しかし，部門別採算管理は，「経営者や管理者の意思決定」，「業績責任の明確化」，「現場改革・改善案の策定」，「経営参加と人材育成」，「動機づけと目標管理」，「人事考課や業績考課の基準」等，さまざまな目的に活用されうる『経営の中核』制度である。

①　経営者や管理者の意思決定

　部門別の採算管理により活動の結果を「見える化」して，次にとるべき行動

の意思決定を的確・迅速に行う。経営者は大きな方針を，管理者はその方針を
受けて自分の責任部署の具体策の検討・実行の意思決定を行う。

②　業績責任の明確化

業績とは部門（部署・チーム）の役割の達成度である。部門にはそれぞれ上
位方針に沿った役割があり，部門の責任者にはその部門の役割を遂行する権限
と責任が委譲されるべきである。部門の役割と業績を明確にすることで組織の
機動性を高め，スピード感のある経営が可能となる。

③　現場改革・改善案の策定

部門別採算管理から現場の問題解決を促す。部門ごとの売上高・変動費，固
定費要因の予算・計画と実績の差異分析を行い，改革・改善の具体策を検討し
て立案・実行する。現場管理者のマネジメント力が重要なポイントとなる。

④　経営参画と人材育成

部門別採算管理制度で部門やチームの方針・計画策定に加わることで，メン
バー個人もしくはチームの活動と成果が部門の業績・全社業績に連動している
ことを認識する。組織の中には，日々業務に邁進しながらも組織の数値目標や
業績あるいは進捗状況が十分に認識できていない従業員もいる。やはり，方
針・目標を上から一方的に与えられて動くようでは受身の社員・指示待ち人間
になってしまう。会社の計画策定に参加することで「ヒト・モノ」に加えて
「カネ」に関する経営感覚を養うことができ，制度のPDCAサイクル（計画・
実行・チェック・対策）を回す過程で，数字に強い人材を育成することができる。

⑤　動機づけと目標管理

スポーツのマラソン競技を考えてほしい。レースのスタートラインに立って
号令で一斉に走り出す…。ところがこのマラソン，『何キロ走ればよいのか，
ゴールはどこにあるのか，どのルートを走ればよいのか』が知らされていない。

そのようなレースでは選手は不安で仕方がないし，走りようがない。マラソンはゴールとルートが決まっており，ランナーは計画を立てて5キロごとのラップタイムを確認しながらゴールを目指す。

　企業活動においても，目標と方針を決めて毎月の進捗状況をチェックすることで目標達成の動機づけを行う。また，策定作業に自分も参加した計画であれば，目標達成へのモチベーションも高めやすい。

⑥　評価基準（人事考課）

　部門別採算管理制度においては全社目標を各部門からチーム・個人のレベルへとブレイクダウンすることができる。つまりチームや個人の目標の集合が企業全体の目標に一致して，各個人が目標を達成すれば組織全体の目標も達成できる。そして各自の業績目標の大きさと達成度合いを人事考課に反映させる場合には，企業の評価基準と部門別採算管理制度の業績目標達成基準とを一致させることができる。

(3)　部門別採算管理のメリット・デメリット

　部門別採算管理制度は，経営の中核システムとして有効に機能するとその効果は大きいものの，誤った運用をするとさまざまな弊害を招くことがある。制度のメリットとデメリットを認識して，誤った運用をしないように心掛ける必要がある。以下にメリットとデメリットを挙げる。

①　メリット

- 部門責任者やチーム・個人の業績目標と成果責任を明確化することで企業全体の目標達成を容易にする。
- 採算単位ごとの収益構造を明確化することで採算単位ごとの課題を明らかにすることができ，改善の打ち手をとりやすい。
- 社内の採算単位があたかも疑似カンパニーのごとく活動することで，大企業病の予防効果を期待でき，企業内が活性化する。

- 採算単位が互いに利益を競い，競争意識が芽生えることで企業全体の利益意識が高まる。

② デメリット

- 部門間の競争が対立を生み，セクショナリズムをもたらすことがある。
- 部門責任者が，部門利益を優先するあまりに全体の利益をおろそかにしてしまうことがある。
- 短期的な目先の業績にこだわるあまり，中長期的戦略がおろそかになる。
- 部門のメンバーが自分の部門の業績を重視するあまり，全社的な視点が弱くなることがある。
- 制度の細かいルールにこだわるあまりに管理活動が複雑になってしまうことがあり，時に行きすぎると手段が目的化してしまう。

② 部門別採算管理制度の設計

要 点 ･･

☑　部門別採算管理制度の設計手順について述べる。

☑　部門別採算管理制度のルールは企業の実態に応じて自由に決めてよい。ただし，実際の設計・運用にあたっては自社の「ありたい姿」に合わせて設計・運用をするべきである。

･･

　部門別採算管理の意義について理解すると，次に制度設計のステップに入る。部門別採算管理制度は管理会計の領域であることから財務会計と異なり，制度のルールや運用ルールは企業の実態に合わせて自由に決めてもよい。したがって，制度についても絶対的な手順やルールは存在しないが，ここではこれまでコンサルティングをしてきた一般的な実務を紹介する。

162

(1) 制度設計の手順

　制度設計の手順は図表4－2－1のとおりである。詳細は各ステップで述べるが，ここで簡単に説明すると，まず初めに組織の設計は採算管理上の採算単位の縦横の結びつきを組織図のごとく表し，各採算単位の性格を明確にする。そして次に管理帳票となる採算管理表を設計して社内取引や費用負担などのルールを作る。たいていの中堅・中小企業はこれで設計を完了する。大企業は組織の数も多く，制度が複雑になることからシステム化している。

図表4－2－1 部門別採算管理制度の設計手順

組織の設計
- 全社の採算単位の階層図を作成し，レベルづけをする。
- 製品・サービスの提供部門と受取部門の関係を検証する。

採算単位の性格づけ
- 売上高を計上する部門を決定する。
- PC（プロフィットセンター），CC（コストセンター），PCC（プロフィットセンター内コストセンター）に3区分する。

採算管理表の設計
- 財務諸表（主にP/L）との整合性を図る。
- 計画と実績を比較する。
- 各組織レベルに応じて責任利益を設定する。

ルールの設計
- 内部振替：提供部門と受取部門の取引条件，在庫担当部門
- 費用負担：どの費用をどう計上するか。直接負担か計算配賦
- 内部金利：対象資産と適用金利
- PCC・CC賦課費の配賦：PCへの配賦計算

システムの整備・構築
- 会計システムの検証：部門管理の有無，配賦計算の方法
- 他システムの検証：生産・資材・販売・人事・総務などのシステムとの連動性の検証

(2) 組織の設計

① 組織展開図の作成

　企業の採算単位を決める。基本的に組織図と組織展開図はまったく同じであることが好ましいといえるが，絶対にそうでなければならないということでもない。

　組織にはそれぞれ役割と責任があることはいうまでもない。そしてその役割の達成度を会計情報に落とし込んだものが部門別採算管理制度であり，企業目標の達成がその目指すところである。売上に責任を持つ営業部門などは組織図と同じ採算単位でなければ意味がないが，仮に図表4－2－2のように中小企業の総務課と人事課がそれぞれ非常に小体の組織で，構成員もそれぞれ数名であったとする。総務課も人事課もともに売上を上げる部署ではなく，固定費が発生するだけである。そういった場合に総務課・人事課をそれぞれ採算単位として管理するのではなく，まとめて総務部を採算単位とすることも可能である。

　いや，それぞれ固定費の削減という目標を設定して，採算単位として責任を明確にするべきだ，という考え方もあるが，固定費削減よりももっと優先順位の高い役割・責任があるのでそこまで細かく管理する必要性は少ないという考え方もある。要は企業の考え方，経営者の考え方しだいといえよう。

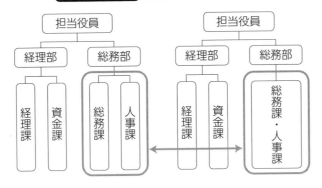

図表4－2－2 採算単位をどう決めるか

　組織の役割として外部市場に対して製品・サービスを提供する部門もあれば，企業内の他の組織に製品・サービスを提供する部門もある。たとえば，製造部門は販売部門に製品を提供するし，間接部門は直接部門にサービスを提供する。人事部が人事制度の運用や給与計算などのサービスを組織全体に提供するといったことや，営業支援部隊が前線の営業担当にサービスを提供するといったことである。

　このように組織の採算単位を決めると，企業内の活動で製品やサービスの提供部門と受取部門という関係が生まれる。こうした関係を組織展開図において明確にすることで，後述の社内取引・振替のルールの基礎ができ上がるのである。

図表４－２－３ 組織展開図(例)

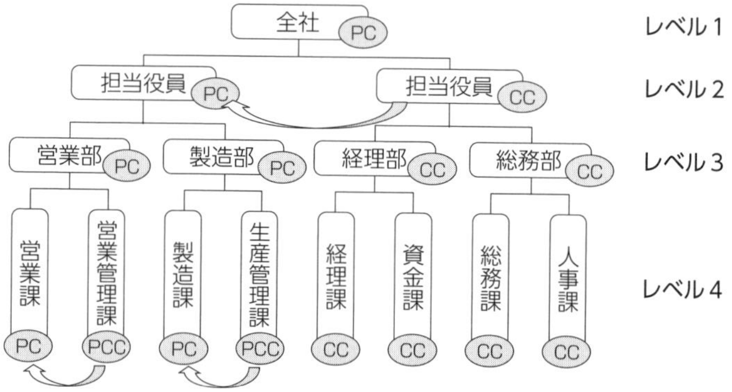

② **採算単位の性格づけ**

　企業内の採算単位は図表４－２－４の３つの性格に分類される。採算単位の性格づけは責任の性格づけということができる。プロフィットセンター（PC）は，主に売上を上げることが求められ，利益に責任を持つ組織である。代表的なものは営業部門・販売部門であるが，製造部門も社内取引として営業・販売部門に対して販売すると決めた場合はプロフィットセンターとされる。コストセンター（CC）は，売上責任を持たずに主に費用のコントロールに責任を持つ組織である。一般的にコストセンターは企画部，監査部，経理部・財務部，

総務部や人事部といった間接部門である。プロフィットセンター内コストセンター（PCC）は，プロフィットセンターの中に設置されながら直接の売上責任を持たずにコストセンター的役割を果たす部門である。具体的には，営業部門に属して最前線の営業を支援する営業支援・営業事務部門などである。製造部門をプロフィットセンターとした場合にも，そこに属する生産管理課や設計課などの間接部門も同様にプロフィットセンター内コストセンターとなる。

図表4－2－4 採算単位の性格

呼　称	略　号	定　義
プロフィットセンター	PC	売上高と費用が計上され，利益に責任を持つ部門
コストセンター	CC	費用のみが計上され，費用コントロールに責任を持つ部門
プロフィットセンター内コストセンター	PCC	PC内で費用のみが計上され，費用コントロールに責任を持つ部門

　企業が利益を上げるには，できるだけPCを多くしたほうがよい。なぜならPCは利益責任を持つことから自然と利益意識が高まり，売上のみならずコストに対しても敏感になるため，そのようなPCが数多くあるほうが企業全体での利益意識が高まりやすいためである。しかし，コストセンターを無理やりプロフィットセンターとすると組織内の調和が乱れることもあるので注意を要する。たとえば人事部をPCとしてしまうと，人事部のサービスを他の部門が買い取るような形になり，人事部は給与計算サービスを有料で実施することになる。しかし社内の給与計算を人事部が有料で行ったところで，直接お客様へ提供する価値が上がるわけではない。無駄に労力を使うばかりか，社内の横の関係もぎくしゃくするだけである。

エクササイズ1

　自社の組織展開図を作成してください。そして採算単位にPC，CC，PCCの性格づけをしてください。

コラム　　　従業員2名の採算単位！

　ある企業で部門別採算管理制度の設計のお手伝いをすることがあった。年商400億円で従業員数1,000名程度の企業であった。そこで採算単位を決めていた時のことである。

　ある部署の採算単位を他の部署とまとめてよい，という会社の意向である。なぜなのか問うてみると，

　「この部署は管理者が1名，担当者が1名と小さな組織なんです…。」

　「えっ。ではどうして独立した部署になっているのですか？　まとめようとしている部署と統合すればよいではありませんか？」

　「いえ，○○さんを年齢的にも管理者にしないといけないのですが，ポストがなかったもので…。○○さんのために作った部署なんです。」

　「この際，本来あるべき姿にするべきではないでしょうか。」

　「○○さんが退職したら1つにまとめることができるのですが…。」

　この部署の業務内容を訊いてみると，明らかに他の部署の機能と同じような機能であり，本来は1つの部署であるべき組織なのである。この会社ではかなり属人的な人事が行われており，人に仕事が張りついて，個人の属性などで組織構造が動く会社であった。人が動くと業務もその人について動くといったことや，その人にしかわからない情報や業務があって異動ができないといったことが生じていた。

　このように，部門別採算管理制度を構築する過程で組織のさまざまな問題点が見えてくる。その他にも人や部門・部署の力関係なども見えてくるので面白い話である。

(3)　部門別採算管理表の設計

　部門別採算管理表は，社内の管理資料として作成するものであり，企業の特性に応じて自由に作成してよい。

　縦軸は財務会計ベース，すなわち売上高，売上原価，売上総利益，販売費及び一般管理費，営業利益，経常損益としてもよいが，管理会計の領域であることから変動損益計算書の並びで作成することが望ましい。

(単位：百万円)

科　目	金額
売上高	7,053
変動費	3,997
限界利益	3,056
固定費	2,797
人件費	1,819
経費	978
営業利益	259
営業外収支	108
経常利益	151

①　部門別採算管理表の構成

　部門別採算管理表は全採算単位が一覧で俯瞰できるものと，各採算単位別にまとめたものを作成しておく。各採算単位別にまとめたものは予算・昨年実績の欄があり，それぞれに対する差異・増減が一覧できるようにしておくと業績進捗状況の判断を行いやすい。

　また，月次ベースと当期累計ベースを作成することで，単月の業績進捗状況と累計の進捗状況の両方が見える化できる。単月の分析でしっかりと原因分析を行い，その結果と累計の進捗状況をあわせて今後の対策を検討することが望ましいといえる。

図表4－2－5　部門別採算管理表の構成

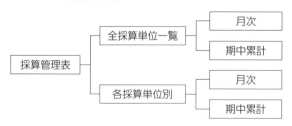

図表4－2－6 部門別採算管理表の構成（例）

部門別採算管理表の帳票	内　容・目　的
全社・部門一覧（月次）	• 全社・部門別の月次実績・予算・差異を記載する。 • 全社と採算単位ごとの月次業績が一覧できる。月次の実績と予算との差異分析を行い，問題と原因の認識を共有化する。
全社・部門一覧（当期累計） 累計実績・予算・差異	• 全社・部門別の当期累計実績・予算・差異を記載する。 • 経営者と幹部社員が当期累計の業績進捗状況を俯瞰して見ることができ，月次の差異分析とあわせて今後の方針に関する意思決定に使う。
○○部門　採算管理表（月次） 月次実績・予算・差異	• 部門別の月次実績・予算・差異を記載する。 • 採算単位の月次業績と予算，前年実績が一覧でき，部門責任者や管理者が月次実績と予算との差異分析を行い，問題と原因の認識を共有化する。
○○部門　採算管理表（累計） 累計実績・予算・差異	• 部門別の当期累計実績・予算・差異を記載する。 • 採算単位の当期累計の業績と予算，前年実績が一覧でき，月次の差異分析とあわせて今後の具体的施策の検討に使う。

② **部門別採算管理表の記載事例**

　以下に部門別採算管理表の記載項目について述べる。繰り返しになるが，これも企業の実態に応じて記載してよい。要は部門別採算管理制度の目的に応じて作成すればよい。

図表4－2－7 部門別採算管理表（例）①

	営業部			製造部			本社			全社計
	第1課	第2課	計	第1課	第2課	計	第1課	第2課	計	
売上高										
社外売上高										
社内売上高										
変動費										
社外仕入高										
社内仕入高										
荷造運送費										
外注費										
その他変動費										
限界利益										
固定費										
管理可能費										
人件費										
広告宣伝費										
社内金利										
貢献利益										
管理不能費										
地代家賃										
減価償却費										
配賦PCC費										
部門直接利益										
配賦本社費										
部門経常利益										

内部振替ルールに基づいて，社内仕切価格など取引条件を決めて部門間で振替をする（後述）。

業績評価に連動させるために，部門責任者が管理することができる管理可能費と管理不可能な管理不能費を分けることがある（後述）。

在庫・設備などの資金負担を金利で負担させる（後述）。

PCC，CC費用の配賦

a．社内売上高・社内仕入高

　売上高は社外に対する「社外売上高」と社内の内部取引で発生する「社内売上高」がある。社内売上高は，後述の内部振替ルールに基づいて製品・サービスの提供部門に計上される。

　仕入高にも社外から仕入をする「社外仕入高」と社内の内部取引で発生する

「社内仕入高」がある。製品・サービスの受取部門では，上記の社内売上高と同額が社内仕入高として計上されることになる。

　企業全体の業績を表示する損益計算書は，企業外部との取引が対象であり，企業内部の取引は相殺しなければなれない。

b．固定費

　固定費は，担当部門でコントロールできる「管理可能費」とそうでない「管理不能費」に分けることができる。詳細は③で後述するが，実務上は両者を分けることで複雑になることから固定費一本でまとめるケースが多い。

c．貢献利益

　プロフィット内コストセンター（PCC）やコストセンター（CC）のコスト配賦前の利益を「貢献利益」と呼んでいる（企業によって呼び方が異なる場合もある）。PCCやCCのコストはプロフィットセンター（PC）で負担するべきものであり，そのコストは部門もしくは全社共通のものであるから，この共通の固定費分の金額を稼ぐ貢献度を表す利益という意味で「貢献利益」と呼んでいる。

d．配賦PCC費・配賦本社費

　PCCやCCの費用をPCに配賦する。「配賦」とは費用を一定のルールに基づいて，サービス等の受取部門に分担して負担させることである。「配賦PCC費用」，「配賦本社費」としてまとめて記載したり，PCC・CCの該当部門ごとに金額を明記したりする。詳細は③で述べる。

図表4−2−8 部門別採算管理表（例）②

[変動損益計算書]　　　　　　　　　　　　　　　　　　（単位：百万円）

		当期	部門別採算表			
			販売部門	製造部門	管理部門	全社
売上高		1,108	1,108	833	−833	1,108
	製品社外売上高	1,041	1,041			1,041
	商品社外売上高	67	67			67
	社内売上高	0		833	−833	0
変動費	当期原材料費	410		410		410
	当期商品仕入高	61	61			61
	仕掛品棚卸高増減	12		12		12
	商品棚卸高増減	0	0			0
	社内仕入高	0	833		−833	0
	運送費	5	5			5
	変動費合計	488	899	422	−833	488
限界利益		620	209	411	0	620
	限界利益率	56.0%	18.9%	49.3%	0.0%	56.0%
固定費	当期労務費	212		212		212
	販売人件費	69	69			69
	管理人件費	25			25	25
	減価償却費（※）	40	8	28	4	40
	当期製造経費	131		131		131
	その他販売経費	100	100			100
	その他管理経費	36			36	36
	営業外収支	4			4	4
	固定費合計	617	177	371	69	617
貢献利益		3	32	40	−69	3
管理部門賦課費		0	22	45	−67	0
経常利益		3	10	−5	−2	3

	当期末	販売部門	製造部門	管理部門	全社
【従業員数】（人）	130	40	80	10	130
本社（管理部門）費配賦割合		33%	67%		

		販売部門	製造部門	管理部門	全社
【建物使用割合】		20%	70%	10%	100%
減価償却費の配賦	40	8	28	4	40

172

図表４−２−９ 全社一覧の部門別採算管理表（例）

(単位：千円，%)

科 目		全社	A店	B店	営業企画室	経営企画室	管理本部
純売上高							
基本売上	室料売上						
	料理売上						
	キャンセル料						
	売上値引						
	小計						
館内売上	料飲売上						
	クラブ売上						
	売店売上						
	ホスピ売上						
	小計						
変動費	宿泊原価						
	料飲原価						
	クラブ原価						
	売店原価						
	ホスピ原価						
	売上原価						
	衛生リネン						
	斡旋料						
	客室消耗品						
	変動費合計						
限界利益							
限界利益率							
固定費							
	うち人件費						
うち経費	水道光熱費						
	電気料						
	旅費交通費						
	通信費						
	・・・						
	・・・						
	・・・						
	減価償却費						
	雑費						
	経費合計						
部門事業利益							
営業外収益							
	受取利息割引料						
	雑収入						
営業外費用							
	支払利息						
	雑損失						
部門達成利益							
PCC賦課費	営業企画室						
	賦課費合計						
部門貢献利益							
CC賦課費	経営企画部賦課						
	管理本部						
	賦課費合計						
部門経常利益							

この採算管理表を計画と実績，差異で作成すると進捗の状況がよくわかる。

図表4-2-10 採算単位ごとの採算管理表（例）

部門名：
責任者：

(単位：千円，%)

科　目		当月実績	構成比	予算比	前年比	予算	構成比	前年実績	構成比
純売上高									
基本売上	室料売上								
	料理売上								
	キャンセル料								
	売上値引								
	基本売上合計								
館内売上	飲料売上								
	クラブ売上								
	売店売上								
	ホスピ売上								
	館内売上合計								
変動費	宿泊原価								
	料飲原価								
	クラブ原価								
	売店原価								
	ホスピ原価								
	売上原価								
	衛生リネン								
	斡旋料								
	客室消耗品								
	変動費合計								
限界利益									
限界利益率									
固定費									
	うち人件費								
うち経費	水道光熱費								
	電気料								
	旅費交通費								
	・・・								
	・・・								
	・・・								
	減価償却費								
	雑費								
	経費合計								
部門事業利益									
営業外収益									
営業外費用									
部門達成利益									
PCC賦課費	営業企画室								
	賦課費合計								
部門貢献利益									
CC賦課費	経営企画部賦課								
	管理本部賦課								
	賦課費合計								
部門経常利益									
期末人員	正社員								
	嘱託・パート等								
	派遣・外注								
	合計								

差異分析

限界利益増減による要因			実績の評価
	売上高要因		《売上高》
	限界利益率要因		
固定費要因			
	人件費要因		
	減価償却費要因		《限界利益率》
	その他固定費要因		
営業外収支の増減			
部門達成利益の増減			
PCC賦課費の増減			《固定費》
CC賦課費の増減			
部門経常利益の増減			

⑷　ルールの設計

　部門別採算管理は，財務会計と異なりルールを企業自ら決めることができる。ルールには，大きく「社内取引に関するルール」と「費用の負担に関するルール」および「利益責任に関するルール」の3種類がある。個別ルールは③で後述するので，ここでは概略を述べる。

①　社内取引に関するルール

　社内取引に関するルールは，主に内部振替ルールである。内部振替ルールは社内の部門間で行われる製品・サービスの受渡しを対外取引と同様に捉えて社内取引としてその取引条件をルール化する。製造部門から販売部門に対して社内で販売するというケースがこれにあたる。この時の仕切価格をルール化する。

②　費用の負担に関するルール

　費用の負担に関するルールは，在庫コストの負担や金利の負担をどのように按分するかというルールや，PCCやCCのコスト負担をどのように按分するかというルールである。

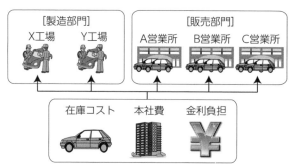

③　利益責任に関するルール

　利益責任に関するルールは，企業の階層のレベルに応じた責任利益をどのようにするかというルールや，固定費を管理可能か否かで分けて管理可能な部分につき利益責任を持たせるルールなどである。

　これらのルールの内容は後ほど説明する。

(5)　システムの整備・構築

①　システムの構成

　部門別採算管理のシステムは会計ソフトにも機能として組み込まれているが，必ずしも自社の運用形態とマッチしているとは限らない。自社独自のルールであることから，市販のソフトでは必ずしも満足のいく機能ではないこともある。

　望ましいシステムの姿は，全社のシステムが会計システムと連動しており，自動的に部門別採算管理表が出力されることである。当然ながらその場合には，会計システム自体に部門別採算管理表作成機能が備わっていることが必要条件である。システムの整備・構築にあたっては，生産管理・在庫管理・販売管理などの直接機能のシステムに加えて，人事労務・固定資産管理といった間接機能のシステムが会計システムと連動していることが望ましい（図表4－2－11）。

　しかしながら実際のコンサルティングの経験上，中小企業でこのような完全なシステムを構築している企業はほとんど皆無といってよい。これだけの情報システムを構築するには莫大なコストがかかるからである。たいていの中小企業では，会計システムの出力データをベースにExcelなどの表計算ソフトを使って加工しているケースが多い（図表4－2－12）。

図表4－2－11 高度なシステム（例）

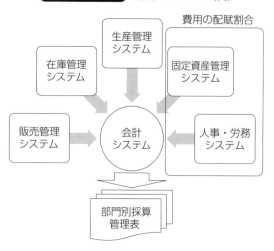

図表4－2－12 一般的な中小企業にみられるシステム（例）

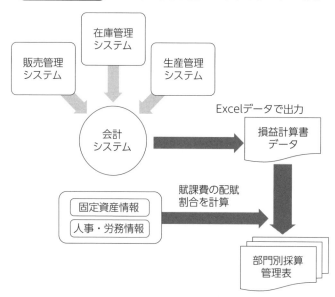

② **システムのチェックポイント**

会計システムに必要な要件をチェックするには，以下の項目がポイントとして挙げられる。

a．部門設定機能

部門コードが設定できて，部門ごとの損益データが出力できること。ポイントは以下のとおりである。

• 部門の数がどれほど分けられるか。企業規模の大きな企業には多くの事業・部門が存在する。したがって，自社の部門数に合った部門コードが揃っているかどうかを確認しておく。

• 階層の数が十分であるか。階層とは組織展開図のレベルのことを指す。図表4－2－13の例では，○○事業―製造部―第1工場―製造課と4つの階層が必要である。この階層は大企業で10階層程度，中堅・中小企業では6階層程度あれば十分ではないかと考える。

図表4－2－13 部門コード（例）

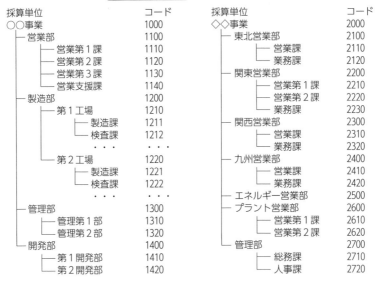

採算単位	コード	採算単位	コード
○○事業	1000	◇◇事業	2000
├ 営業部	1100	├ 東北営業部	2100
│ ├ 営業第1課	1110	│ ├ 営業課	2110
│ ├ 営業第2課	1120	│ └ 業務課	2120
│ ├ 営業第3課	1130	├ 関東営業部	2200
│ └ 営業支援課	1140	│ ├ 営業第1課	2210
├ 製造部	1200	│ ├ 営業第2課	2220
│ ├ 第1工場	1210	│ └ 業務課	2230
│ │ ├ 製造課	1211	├ 関西営業部	2300
│ │ └ 検査課	1212	│ ├ 営業課	2310
│ │ ・・・	・・・	│ └ 業務課	2320
│ └ 第2工場	1220	├ 九州営業部	2400
│ ├ 製造課	1221	│ ├ 営業課	2410
│ └ 検査課	1222	│ └ 業務課	2420
│ ・・・	・・・	├ エネルギー営業部	2500
├ 管理部	1300	├ プラント営業部	2600
│ ├ 管理第1部	1310	│ ├ 営業第1課	2610
│ └ 管理第2部	1320	│ └ 営業第2課	2620
└ 開発部	1400	└ 管理部	2700
├ 第1開発部	1410	├ 総務課	2710
└ 第2開発部	1420	└ 人事課	2720

- プロジェクト単位の集計が可能か。通常の部門とは別に，いくつかの採算単位をグループ化して集計することができると，プロジェクト管理ができる。

b．部門別採算管理表の作成機能

部門別採算管理表の作成が自動的にできると非常に効率的である。しかしながら，採算管理表の自動作成までシステム化されている企業はそう多くない。最近の会計ソフトではたいてい部門別採算管理ができるようになっているが，自社にマッチした仕組みとするには何らかのカスタマイズが必要であり，また，組織変更や基準・ルールなどのさまざまな変更に弾力的に対応することが困難である。中堅・中小企業では，ほとんどが手作業で作成しているのが現状である。

採算管理表には，計画・実績・達成度・計画差異・前年増減が自動的に出力されるかどうかをチェックする。

c．配賦基準・配賦割合の設定機能

PCCやCCの費用の配賦基準を設定し，配賦割合を計算するためのテーブルがあるかどうかをチェックする。テーブルがある程度自由に設定できるのかどうか，自社の配賦基準が設定できるかどうかをチェックする。

d．全社システムとの連動性

会計システムと他のシステムとの連動性をチェックする。部門別採算管理では配賦割合の計算で会計データ以外のデータを使う。したがって，部門別採算管理に必要な他のデータを扱うシステムに連動しているかどうかをチェックする。連動できない場合は手作業によりデータ加工をすることになる。

③ 部門別採算管理制度の主なルール

要　点 ···

☑ 部門別採算管理制度のルールの中でも，内部振替と費用配賦のルールは特に重要である。

☑ 社内仕切価格は部門の業績評価をする上でも重要であるし，企業の戦略性も反映されることから慎重に検討する必要がある。

☑ どこで発生したか特定できない共通費用は，従業員数や売上高の規模，資産の使用度合いなどさまざまな基準で配賦される。

···

　ここでは，部門別採算管理制度の主なルールについてその内容やいくつかの例を紹介する。繰り返しになるが，部門別採算管理制度のもとでは，企業は自由にルールを設定することができる。しかしルールとは何なのか，どのようなルールが考えられるのか，そしてルールのメリット・デメリットは何であるのかなど多面的な角度から検討をする必要がある。

(1)　内部振替ルール

①　内部振替の意義

　業績を部門別に把握するときに，すべての部門が対外的に顧客と取引していればその把握は簡単明瞭であるが，実際には分業化している企業活動において対外的な売上を上げているのは販売（営業）部門だけである。しかし，企業は全社を挙げて利益獲得を目指さなければならないので，従業員全員が利益獲得を志向して活動することが求められる。そこで対外的に売上が発生しない部門にも，できるだけ利益責任を持たせることで業績向上を図り，社内を活性化させる方法の1つに内部振替がある。

②　内部振替の仕組み

　内部振替は，部門間の製品部品・サービスの受渡しにおいて，提供側から受取側に対する売上を立てることで提供側をプロフィットセンターとして扱うものである。前述のとおり，その際の提供部門から受取部門への受渡しは，社内売上・社内仕入として各部門に計上する。

③　社内仕切価格

　内部振替において，製品・サービス等の提供部門から受取部門への受渡しをあたかも取引と考えて設定される価格が「社内仕切価格」である。

　たとえば，製造部門をプロフィットセンターと捉えて製品を営業部門へ販売するときの社内価格が社内仕切価格である。その他の例を挙げると，以下のとおりである。

- 商事部門から製造部門への部品販売
- 加工部署から組立部署への部品販売
- ホテル調理部から料飲部門への料理販売

社内仕切価格は部門別採算管理制度を構築するうえで非常に重要な要素となる。

(2)　社内仕切価格の考え方

　部門の業績を評価するうえで，社内仕切価格をどのように設定するかは非常に重要なことである。特に前述のように製造部門と営業部門との仕切をどうするかには，企業の戦略性が表れる。

　企業は内部の取引だけでは利益を創出することはできず，市場において製品・商品やサービスを販売することで初めて利益を得ることができる。そして，外部への販売からもたらされた利益を企業内部の採算単位にどのように分配するかが，部門別採算管理の内部振替の課題といってもよい。

　つまり，各採算単位は企業全体の利益に対する貢献度に応じて利益の配分を受け，その利益と見合ったコストとバランスがとれているかということが評価されるわけである。

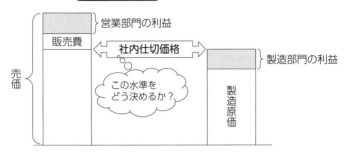

図表4－3－1 社内仕切価格の決め方

　社内でやり取りされる取引においては，価格が明確になっているわけではない。同じ商品やサービスが外部の市場でやり取りされている場合は市場価格が存在するわけであるが，実際は社内取引とまったく同じ取引が市場に存在する場合のほうが稀であり，価格の客観的な設定は非常に難しいのである。

　このように社内仕切価格を決めることは部門の業績を大きく左右する要因であり，慎重に吟味したうえで社内で合意をとりつけて決定することが公正公平な業績評価に不可欠である。

(3)　社内仕切価格の決定方法

　社内仕切価格の決定方法は，大きく原価基準と市場基準に分けることができる。原価基準とは提供部門側のコストを基準に社内仕切価格を決めるもので，市場基準とは，原価に関係なく市場の実勢価格等を基準として社内仕切価格を決めるものである。原価基準はどちらかというと作り手側・売り手側からの発想であり，市場基準は買い手側からの発想に近いということができる。

図表4－3－2 社内仕切価格の決定方法

① 原価基準による社内仕切価格

原価基準による社内仕切価格の場合に問題となるのが，原価を実際にかかった「実際原価」とするのか，もしくは標準的な原価として計算された「標準原価」とするのかである。

図表4-3-3　2つの原価基準

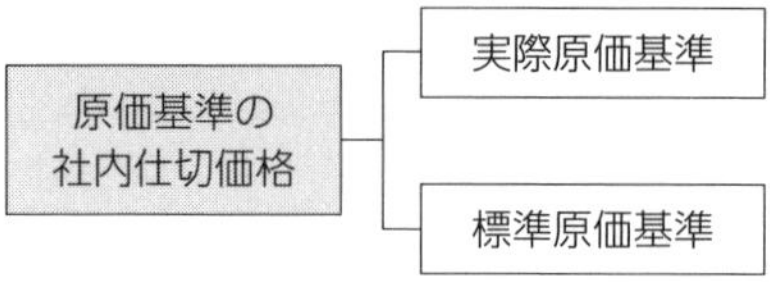

それぞれの場合の検討ポイントを以下に示す。

a．実際原価基準

提供部門が実際に提供するのにかかったコストを基準とするものである。

- メリット：実際にかかったコストの実績であるから，把握が簡単で仕切価格を決めるのに簡便な方法である。
- デメリット：実際に要したコストを基準とすることから，提供部門の利益貢献度を評価するのは妥当ではない。提供部門が非効率に業務を行った場合でも，たとえば非効率に製品を製造した場合でも，そのままのコストが受取部門に転嫁されるので両者の業績を公平に評価することができない。また，計画を立てるのにその根拠が難しい。

b．標準原価基準

提供部門から受取部門への仕切価格について，標準原価を基準とするものである。

- メリット：標準原価で受け渡すことで，提供部門の効率の良否を受取部門に転嫁することが避けられる。また，提供部門は標準原価と実際原価の差異が自部門の損益として評価されるので効率化や業務改善への取り組み意欲が高まる。
- デメリット：製品・サービスの内容によっては標準原価の決め方が難しい

ものもあることから，実際原価基準よりやや複雑である。客観的な標準原
価を決めるのが困難な業務もある。

c．利益の上乗せについて

実際原価基準・標準原価基準のそれぞれの原価基準において，原価に一定率
の利益を上乗せすることも選択できる。

図表4－3－4 利益の上乗せ

一定率の利益を上乗せすることで，提供部門のプロフィットセンターとして
の位置づけを明確にすることができる。利益を上げることを期待されていると
いう意識から，従業員のモチベーション向上がさらなる生産性向上に結びつく
ことが期待できる。

しかしながら実際原価基準の場合であれば，提供部門の活動がそのまま反映
されて効率の悪いサービスでも一定率の利益が保証される。それゆえ提供部門
では，生産性向上やコスト削減といったコスト意識向上が醸成されにくい。ま
た，受取部門にとっては，提供部門の非効率なサービスが受取部門の業績に反
映されることから不平不満の原因となる。

標準原価基準においても，提供部門が製品・サービスを選択することができ
ない場合には，提供部門のコントロール外での利益増加となることから妥当な
評価とはならない。

② **市場基準による仕切価格**

市場基準による仕切価格とは，市場実勢に応じた価格や，市場で売価が一定

水準で販売されている場合の価格を基準とするものである。

　市場において一般的に認知されている実勢価格を基準とする方式と，対外的な取引と同様に提供部門と受取部門の当事者間で交渉する方式とがある。

図表４－３－５ 市場基準の種類

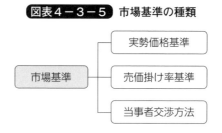

a．実勢価格基準

　自動販売機のミネラルウォーターのように，提供部門の製品・サービスに一般的に認知されている客観的な市場実勢価格が存在する場合にその価格を基準に仕切価格を決める方式である。社内取引では営業員の人件費やその他営業経費が不要であることから，通常想定される販売費相当額を控除して仕切価格とすることが妥当である。

- メリット：市場実勢価格があることから，判断基準が明確で社内仕切価格を決定しやすい。
- デメリット：市場実勢価格がないもの，たとえば特注の金型や一品物の部品などは客観的な市場価格がないことから，この方式は使えないという弱点がある。また，市場価格の変動が激しい製品の場合に仕切価格の変更が頻繁になり運用が複雑になる。

b．売価掛け率基準

　カタログ価格など，企業の外部販売価格が比較的安定している商品・サービスに使いやすい方式である。外部販売価格に一定の掛け率を乗じて社内仕切価格とする方式である。

　計算式は以下のとおりである。

社内仕切価格　＝　販売価格　×　掛け率

掛け率　＝　1　－　営業粗利率

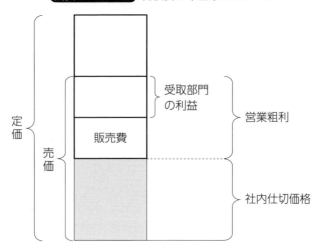

図表4-3-6 売価掛け率基準のイメージ

- メリット：市場の競争原理に基づく価格が反映されており，提供部門に
  とって要求されたコスト以下での提供を求められることから生産性向上や
  コスト削減への意識が働きやすい。
- デメリット：カタログ価格（定価）といった概念がない製品・サービスに
  は不向きである。また価格の変動が激しい製品・サービスにも対応しにく
  い。掛け率の客観的根拠が示しにくいことから納得感が得られにくいこと
  がある。

c．当事者交渉方式

　部門間で社内仕切価格を交渉し，決定する方式である。競合との競争優位性
や原価との関係，そして市場戦略などを総合的に判断して当事者間で交渉して
仕切価格を決める方式である。

- メリット：市場取引の価格決定と同じメカニズムで行われることから提供

部門, 受取部門双方の納得感が得られやすい。また競争優位性や営業戦略
など大局的な判断が反映される。

- デメリット：提供部門と受取部門双方の部門長の力関係や部門間の力関
係で仕切価格が決まってしまうことがある。また利害が対立して, 調整に
時間を要する場合がある。なお, このデメリットを回避する手段として,
企画・管理部門などが中立的な立場で仲介する必要がある。

(4) その他内部振替に関連するルール

① 忌避宣言権の設定

社内仕切価格の状況によっては, 社内から仕入れるよりも外部から仕入れた
ほうが安いという状況が生じた場合, 社内からの仕入を拒否して外部から仕入
れる権利を認めることがある。これを「忌避宣言権（きひせんげんけん）」と
いう。

忌避宣言権は事業部制など部門の自立性が高度な組織構造の場合は可能であ
るが, 全社的な観点からの利益増大とは相反する可能性がある。なぜなら社内
取引は外部に資金が出ていかない一方で, 外部取引は外部に資金が出ていくか
らである。

実際の運用においては短期的に社内仕切価格を引き下げて, その間に提供部
門の効率化によるコスト削減に努めるなどの対応をとる。また, この仕切価格
を引き下げた結果として提供部門が赤字になった場合には, この赤字額が提供
部門の効率化目標と考え, 赤字解消に向けた取組みを促しやすい。

② 内部取引相殺

前述のとおり企業全体の業績を表示する損益計算書は, 企業外部との取引が
対象であり, 企業内部の取引は相殺しなければならない。

社内売上高と社内仕入高は相殺勘定を設けて全社合計が「0円」になるよう
にする。もし社内仕入高・社外仕入高を全社合計に加えると, 全社売上高が実
際の財務会計上の売上高（つまり社外売上高）より多くなってしまう。財務会

計と管理会計との整合性を保つ必要から全社合計の売上高や営業利益・経常利益は財務会計・管理会計との間で一致していなければならない。これを「財管一致」という。相殺は「相殺勘定」という欄を設けるケースと，本社・共通部門で相殺するケースがある。

図表4-3-7 社内取引相殺のイメージ

	提供部門	受取部門	相殺（本社/共通）	全社
社内売上	○○百万円		▲○○百万円	➡0円
社内仕入		○○百万円	▲○○百万円	➡0円

③　未実現利益の消去

社内取引で仕切価格に一定率の利益を上乗せした場合に，それが受取部門の期末在庫として残っていたとする。この場合，提供部門の利益はまだ社内の在庫に残った状況である。企業の利益は外部取引により実現するものであり，内部取引から生じた利益は，期末在庫の状態で残っている限りは実現していないため，期末在庫評価においては，受取部門の社内仕切価格とせずに，提供部門の原価（仕入原価または製造原価）で評価しなければならない。

したがって，期末時点において受取部門の期末在庫を内部利益相当額を評価減し，提供部門の社内売上を同額減らす処理をする。

図表4-3-8 未実現利益消去のイメージ

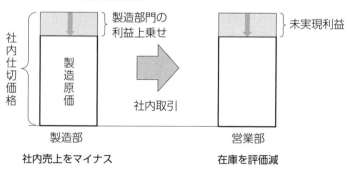

⑸　管理不能費と業績評価

　自分でコントロールできない要素で業績評価をされると，どう感じるであろうか。当然ながら納得感は得られず，利益獲得へのモチベーションは低下してしまうであろう。

　たとえば，ある駅前のベーカリーショップに店長として配属されたとする。この店長は店員の採用から店舗運営まで権限が与えられ，店の業績責任を持つことになる。店舗は本社が決めたテナントであり，家賃や設備のリース料など店長の権限ではコントロールできない費用が発生するとしよう。一方で隣町の別の店舗は売上高規模も同じなのに自社物件で家賃がかからない。この2店舗の利益をそのまま比べると家賃負担の大きい店が不利になってしまう。この業績評価で店長のボーナスや処遇が決まってしまうのでは不満が残るであろう。

　部門別採算管理制度を部門・個人の業績評価と連動させる場合には，このような管理不可能な費用まで評価要素に加えてしまっては公正な評価とはならない。

　それを回避する方法として，費用を部門・部署の責任者による管理可能性の観点から，「管理可能費」と「管理不能費」とに分類する方法がある。

　こうして企業の費用は「変動費」と「固定費」という区分に加えて「管理可能費」，「管理不能費」という区分，さらには，どの採算単位で使ったのか特定できる「個別費」と特定できない「共通費」という区分に分けることができる。

図表4-3-9　管理可能費と不能費による分類

費用の性質	特定・共通	管理可能性	扱　い
変動費	個別費	管理可能	変動費として部門に直接負担させる。
固定費	個別費	管理可能	管理可能固定費として部門に直接負担させる。
		管理不能	管理不能固定費として部門に直接負担させる。
	共通費	管理不能	共通費（PCC，CC費用）としてPCに配賦する。

(6)　責任利益の明確化

　組織展開図の階層レベルに応じた利益の責任を明確にしておく。本人の努力ではどうにもならない管理不能固定費まで責任を持たされると，業績向上のモチベーションが損なわれたり，評価に対する不公平感が生まれたりすることがあるので，責任利益の割当てには配慮が必要である。

　階層レベルが上位になるほど下の利益の責任を持つことになる。つまり上位の役職者は管理不能費を賄うだけの業績責任が求められるのである。プロフィットセンターの担当役員にまでなると，「本社費は自分の責任ではない」などどいっていられないのである。担当役員には本社費などを賄うだけの利益責任が求められるのである。一方で営業担当者や係長クラスでは，限界利益を極大化させることを求めて限界利益を責任利益とすることができる。

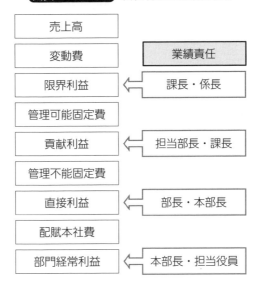

図表４−３−10　責任利益の明確化（例）

(7) 配賦ルールの確立

部門別採算管理制度の重要なポイントとなるのが，費用の配賦ルールである。これがしっかりできていないと各採算単位の業績が正しく把握することができない。原則として，発生した部署が直接特定できる費用は当該部署で直接負担させ，特定できないものについては，あるいは複数の部門・部署にまたがる費用については一定のルールで配賦する。

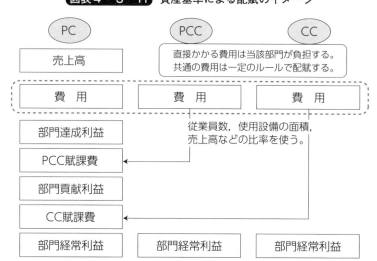

図表４－３－11 資産基準による配賦のイメージ

① 本社費配賦制度

本社の経理部・人事部・総務部等の間接部門で発生し，計上される費用を「本社費」という。このような本社費のほとんどは受取部門が直接特定されることなく全社に共通する費用である。そしてこれらの部門は原則的にすべてコストセンターである。

これらのコストセンターは直接的に利益を創出するわけではないが，企業の価値提供のために高機能化・効率化を図りながら直接部門（主活動）を支援して企業全体の利益獲得に貢献する。そのような意味で，それらコストセンター

で発生するコストはプロフィットセンターの利益で賄わなければならない。これがプロフィットセンターで負担できないと企業の黒字はありえない。

　そこで，コストセンターの本社費をプロフィットセンターにどのように負担させるのか，そのルール作りが課題となる。

② 実績費用配賦と予算費用配賦

　本社費のみならず，PCC・CCのコストをPC等の他部門に配賦するには２つの方法が考えられる。１つは実際にかかった費用を配賦する方法であり，もう１つは予算の費用を配賦する方法である。

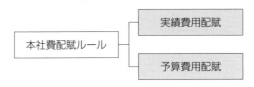

図表４－３－12 本社費配賦ルールの種類

　プロフィットセンターの各部門にとっては配賦された本社費は管理不能費であるが，その金額は部門経常利益の計算において大きな影響を与える。配賦される本社費が変動することにより，部門の利益水準が変動することとなり，適切でない。

　実績費用を各事業部に配賦すると，本社など提供部門が行う社内サービスの効率の良否によって配賦費用の金額が増減することになる。そしてそれが各部門に配賦される。たとえば本社のある部門が社内勢力拡大のために業務を無理に増やして人員も増強すると，その部門の人件費が増加してしまい，結果として増大した本社費がそのままプロフィットセンターに配賦されてしまう。プロフィットセンターの部門経常利益は圧迫されて，企業全体としても利益は期待できるものにはならない。また本社においても実際発生額が各部門に配賦されると，本社部門の経常利益はすべて配賦されてプラスマイナス０になり，コスト意識が希薄になる可能性がある。

　このため，各部門に配賦させる金額は予算ベースの金額によることが望ましい。予算ベースで配賦した場合にはサービスの提供部である本社が効率的に運営し予算を下回る費用で運営した場合には予算と実績の差が部門利益となり，コストセンターでも部門利益を上げることで効率化へのモチベーションも高まる。本社においてもローコストオペレーションが期待できる。

　図4－3－13は左が実績費用を配賦した場合で，右が予算費用を配賦した場合である。

図表4－3－13　実績配賦と予算配賦の違い

実績費用配賦　　　　　　　　　　　　（単位：百万円）

		販売部門	製造部門	管理部門	全社
売上高		1,100	800	−800	1,100
	製品社外売上高	1,030			1,030
	商品社外売上高	70			70
	社内売上高		800	−800	0
変動費	当期原材料費		410		410
	当期商品仕入高	61			61
	仕掛品棚卸高増減		12		12
	社内仕入高	800		−800	0
	運送費	5			5
	変動費合計	866	422	−800	488
限界利益		234	378	0	612
	限界利益率	21.3%	47.3%	0.0%	55.6%
固定費	当期労務費		212		212
	販売人件費	105			105
	・・・				
	・・・				
	固定費合計	199	338	69	606
貢献利益		35	40	−69	6
管理部門賦課費		23	46	−69	0
経常利益		12	−6	0	6

予算費用配賦　　　　　　　　　　　　（単位：百万円）

		販売部門	製造部門	管理部門	全社
売上高		1,100	800	−800	1,100
	製品社外売上高	1,030			1,030
	商品社外売上高	70			70
	社内売上高		800	−800	0
変動費	当期原材料費		410		410
	当期商品仕入高	61			61
	仕掛品棚卸高増減		12		12
	社内仕入高	800		−800	0
	運送費	5			5
	変動費合計	866	422	−800	488
限界利益		234	378	0	612
	限界利益率	21.3%	47.3%	0.0%	55.6%
固定費	当期労務費		212		212
	販売人件費	105			105
	・・・				
	・・・				
	固定費合計	199	338	69	606
貢献利益		35	40	−69	6
管理部門賦課費		20	40	−60	0
経常利益		15	0	−9	6

ａ．実績費用を配賦した場合

　左の実績費用を配賦した場合，管理部の予算超過分も含めた69百万円が販売部門と製造部門に配賦される。いってみれば管理部の放漫経営により製造・販

売の両部門にしわ寄せがいくことになる。

ｂ．予算費用を配賦した場合

　管理部門の予算60百万円に対して管理部門が９百万円の予算超過をした結果，部門経常利益は９百万円の赤字となる。もし管理部門が予算どおりコスト60百万円で運営していたとしたら全社の経常利益は15百万円となるはずであった。

③　配賦基準の選択

　本社費等をプロフィットセンター等の他部門に配賦する基準には，いくつかのものが考えられる。

図表４－３－14 配賦基準の種類

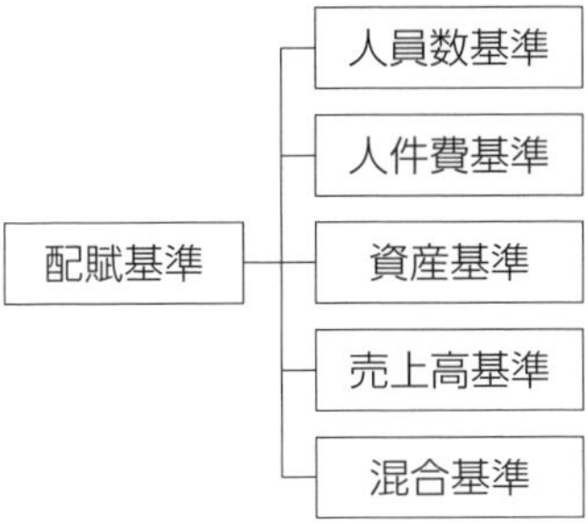

```
                   ┌─ 人員数基準
                   │
                   ├─ 人件費基準
                   │
        配賦基準 ───┼─ 資産基準
                   │
                   ├─ 売上高基準
                   │
                   └─ 混合基準
```

ａ．人員数基準

　各採算単位の従業員数を基準として本社費を配賦するものである。従業員の数が多いほど，つまり大きな組織ほど配賦される金額が大きくなる。したがって，従業員の数を極力少なくして効率的な運用を図るという努力により，配賦の負担額を少なくするというインセンティブ効果が期待される。　これは組織の規模・従業員の数によって本社のサービス提供の大小が左右されるような場合にマッチしている基準である。たとえば人事部のコストは給与計算や人事関連手続など従業員の多い／少ないでその業務負荷が左右されることから，この基準を採用している企業が多い。

図表4－3－15 人員数基準による配賦のイメージ

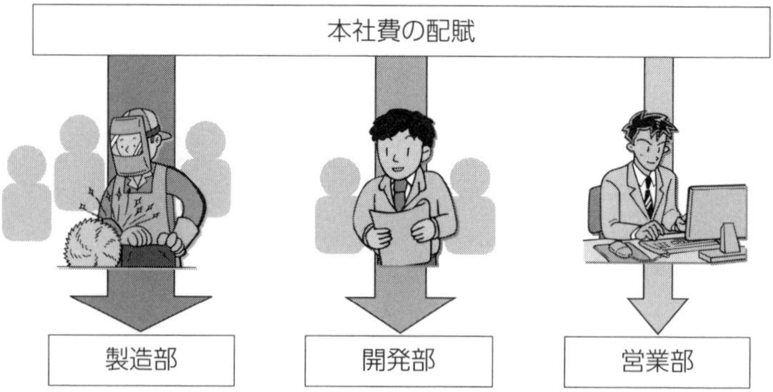

本社費の配賦

製造部　　　　開発部　　　　営業部

b．人件費基準

　退職金を除く各採算単位の人件費の額を基準として本社費を配賦するものである。人員数基準と同様に人員数の増加を抑制するインセンティブ効果が期待される。しかし，人件費を故意に抑える目的で人事考課や昇給に恣意的な抑制意識が働くことがないよう注意が必要である。

c．売上高基準

　売上高の大小によって本社費を配賦するものである。売上高の多い／少ない，もしくは取引量・回数の多い／少ないといったことで業務負荷がある程度左右される経理部などの費用配賦で採用している企業が多い。

　この場合，自部門の売上高を増加させると相対的に本社費負担額が大きくなるといった逆のインセンティブ効果を生じさせるのではないかという心配もあるが，配賦の負担を少なくするためにあえて売上を抑制してしまうと自部門の利益も減ってしまうので，現実的にはそのような心配は無用であろう。またそのような逆インセンティブを避けるために基準となる売上高を予算の売上高とすることで対応できる。

d．資産基準

　各部門に直接特定することができる資産の金額を基準として本社費を配賦するものである。代表的な資産としては，売上債権（受取手形，売掛金），棚卸

資産，固定資産が挙げられる。キャッシュフロー経営の観点からは，これらの資産を圧縮することが好ましいといえる。特に売上債権や棚卸資産は企業活動の成果物が未だ「おカネ」になっていないものであり，企業が立て替えている資金である。資産残高を基準とすることで各部門は資産を圧縮して効率的な運営を行うことへのインセンティブ効果が期待できる。

　また資産基準には残高を基準とするだけでなく，建物の使用面積を使うことも可能である。たとえば賃貸料や建物の減価償却費を使用面積の割合で配賦するものである。

図表4−3−16　資産基準による配賦のイメージ

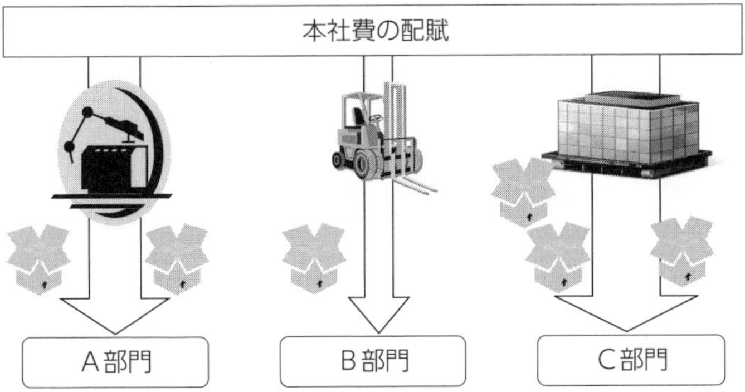

e．混合基準

　上記の基準を混合して本社費を配賦する。本社費の発生する部門ごとに配賦基準を選択するもので，たとえば総務部・人事部は人員数基準，経理部は売上高基準といった具合である。また費用項目別に異なる基準を選択する方法もあるが，あまりに多くの勘定科目ごとに基準を変えると管理が複雑になる。

a．均等割り

　従業員数や資産・売上高規模の大小に左右されない部門のコストは均等割りとすることもある。ただし，利益規模の大きい部門と小さい部門では，同じ金額でも負担感が違ってくるので不満につながることもある。

図表4－3－17 本社費配賦（例）

（単位：千円）

本社費	経理部	総務部	システム部	合計
人件費	4,500	10,500	14,000	29,000
その他固定費	8,600	23,100	12,700	44,400
本社経費合計	13,100	33,600	26,700	73,400

配賦基準			A営業部	B営業部	C営業部	合計
配賦基準	人員数基準	人数（人）	120	80	30	230
		配賦割合	52.2%	34.8%	13.0%	100%
	人件費基準	実績（千円）	48,500	32,500	14,000	95,000
		配賦割合	51.1%	34.2%	14.7%	100%
	売上高基準	予算額（千円）	1,800,000	1,080,000	480,000	3,360,000
		配賦割合	53.6%	32.1%	14.3%	100%

配賦額		経理部	総務部	システム部	
配賦基準		売上高基準	人員数基準	均等割り	合計
配賦額	A営業部	7,018	17,530	8,900	33,448
	B営業部	4,211	11,687	8,900	24,798
	C営業部	1,871	4,383	8,900	15,154
	合計	13,100	33,600	26,700	73,400

※　混合基準により配賦している。
※　売上高基準は予算額を基準としている。
※　経理部は取引量に応じてコストが増減すると仮定して売上高を基準とした。
※　総務部は従業員の数に応じてコストが増減することから人員数基準とした。
※　システム部は売上規模や従業員数に左右されないことから均等割りとした。

⑻　社内金利の内部振替

　一般的に部門別採算管理は，損益計算書（変動損益計算書）を中心に運用されることが多く，部門別採算管理制度を採用していても部門別の貸借対照表を作成している企業は極めて少ない。それゆえ資産や運転資本の調達コストという概念はなかなか組織に浸透しにくい。そこで，貸借対照表を作成しなくても金利負担を内部振替で該当部門に負担させることで社内の金利意識を高める仕組みが社内金利の内部振替である。具体的には，コストセンター（経理部や財務部など）が外部から調達した運転資金を使っている部門や，固定資産を使っている部門に対して社内仕切レートで貸し出し，資金提供を受け入れた部門はCCに対して金利を支払うという内部取引が発生する仕組みである。ただし実際に貸出を行うわけではなく，金利負担の金額を算出するための仮想の貸出である。

①　対象となる主な資産

　社内金利制度の対象となる主な資産は，図表4－3－18のとおりである。所要運転資金（売上債権＋棚卸資産－仕入債務）や売上債権，棚卸資産，固定資

図表4－3－18　社内金利の対象資産等（例）

対象資産等	跡付けされる部門の例	ポ　イ　ン　ト
売上債権	営業部門	売上債権の早期回収を促す。不良債権の発生を抑制する効果もある。
棚卸資産	営業部門・製造部門・購買部門・物流部門	在庫の責任をどこが持つかを決める。在庫の圧縮を促す効果がある。
固定資産	使用している全部門	建物は使用割合で計算する。機械設備に対する負担を数値化することで有効利用を促す。
差入保証金	テナントなどを使用している部門	賃貸事務所の差入保証金など。管理不能費として本社費に含めることもある。
所要運転資金	事業部等	事業部門の所要運転資金に対する資本コストを負担させる。キャッシュフロー経営の実践につながる。計算式は「売上債権＋棚卸資産－仕入債務」

産などの個別資産である。

②　棚卸資産の負担について

　特に，棚卸資産の跡付けをどうするかが問題になることが多い。つまり在庫をどこが負担するかである。それと同様の考え方で，棚卸資産の廃棄損や評価損の責任をどうするかということも決めておく必要がある。

　営業部門の販売計画に基づいて製造部門で計画的に生産したが，売れ行きが芳しくなく売れ残りが発生してしまったようなケースでは，営業部門の責任としてよい。しかし，製造現場が独自の判断で部品の見込み生産をして結果として過剰な製品・仕掛品を抱えた場合には製造部門の責任となるであろう。購買部門が資材などの仕入コスト低減を狙って大量に購買して，結果として終売（ある商品の販売を終了すること）などの要因で廃棄損が発生した場合には購買部門の責任となる。物流部門で倉庫に溜まった大量の包装資材などを見ることがある。たいていは使わなくなった不良在庫であるが，こういう場合は物流部門の負担としたり，それを使う関係部署の負担としたりする。

　実務上は，基本ルールを決めておいて，特異なケースはケース・バイ・ケースで関係部門間で話し合いで負担割合を決めたり，企画部門や管理部門などが間に立って調整をしたりする。

③　仕切レート（適用金利）

　社内金利の内部振替では，仕切レート（適用金利）をどうするかが課題である。検討事項は以下の3点となる。
- 基準金利を何に定めるのか
- 基準金利に本社のスプレッド（利鞘）を上乗せするのか
- 企業の調達コストとする場合に，実績の資金調達コストとするのか予算（計画）の資金調達コストとするのか

a．基準金利

　仕切レートの基準金利には以下のような種類がある。どれを使うかは企業の

資金調達構造に応じて決めればよい。

- 市場金利（長短プライムレート，TIBOR等）

　主に市場金利をベースに資金調達を行っている企業に適している。金利水準が指標化されていることから客観的な基準として採用しやすい。

- 自社の借入利率

　自社の外部からの資金調達コストを採用する。主に金融機関からの借入金や社債により調達している中堅中小企業で採用することが多い。実績の資金調達コストとするか，予算の資金調達コストにするかの判断が必要である。

- WACC（ワック：加重平均資本コスト）

　有利子負債の調達コストと株主資本コストの加重平均を計算したものである。株式を公開している上場企業に適している。

b．本社スプレッド

　本社の調達コストに一定のスプレッドを上乗せするかどうかの判断である。

　本社の資金調達部門では，調達コスト以外にも事務コストや金融機関との折衝などに負担がかかる。そのような付随するコストについて資金調達の恩恵を受けている他の部門にも負担を求めるという考え方が，スプレッドを上乗せするという発想である。サービス・資金の提供者と受益者との間における，適正な負担と報酬の取引ということができる。

図表4－3－19 社内金利の配賦

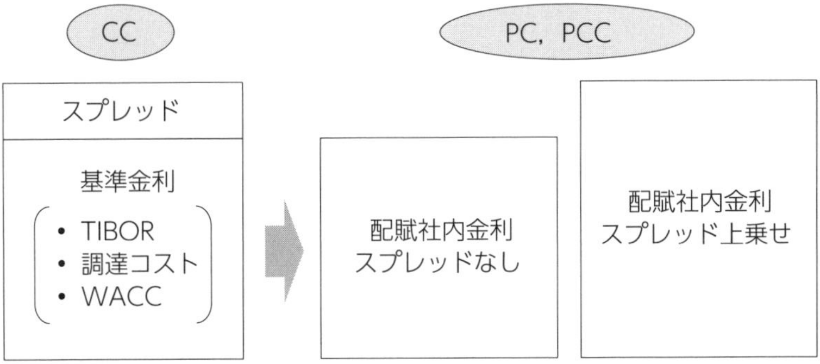

c．予算調達コスト

社内仕切レートの基準を自社調達コストとした場合に検討すべきことは，実績の資金調達コストを基準とするのか，もしくは予算の資金調達コストとするのかである。

実績の資金調達コストとした場合，本社の資金調達コストがそのまま受取部門であるプロフィットセンターに負担されることから，調達部門（財務・経理部等）の資金調達の巧拙がそのまま反映されてしまう。

予算（計画）の資金調達コストとした場合は，予算よりも低い金利水準で調達した場合にその差が調達部門の利益になり，本社費の配賦の場合と同様に調達コストの低減へのインセンティブが働く。

ただし，市場金利に連動した資金調達構造の場合に本社部門でコントロールできない金利変動により本社部門の金利収支が赤字になることも起こるので，その場合の評価をどうするのかが難しい。

図表４－３－20 予算調達コストの配賦イメージ

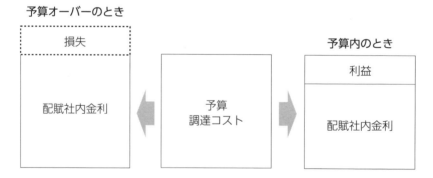

④　社内金利の内部振替のメリット・デメリット

a．メリット

社内金利の内部振替のメリットとして，以下の点が挙げられる。

- 自部門が使っている，もしくは保有している資産に対して金利負担がかかっているという認識が高まり，社内の金利意識を高められる。

- 営業部門においては，売上債権の早期回収の動きにつながると同時に，無駄な在庫を持たないように販売計画の精緻化への取組みが行われる。
- 購買・製造・販売・物流等の各部門に在庫圧縮へのインセンティブが働く。
- 自部門の保有する固定資産の有効活用へのインセンティブが働く。
- 金利負担を数値で認識することで，投資に対する検討において当該部門の当事者意識をいっそう高めることができる。
- 各採算単位の資産活用度や金利負担を含めた採算を把握することができる。

b．デメリット

反対にデメリットとして，以下の点が挙げられる。

- 金利負担を計算する仕組みの構築が難しく，管理が複雑になる。
- 部門で保有する資産の特定が明確にならないものもある。
- 投資判断において部門の短期的な収益に意識が向いて，長期的戦略の視点が欠けることがある。
- 調達コストをそのまま他部門に負担させる場合，資金調達部門が調達コストに対して甘くなることがある。実際の現場で必ず起こるというわけではないが，部門別採算管理の本来の目的を忘れて運用すると，このような事象が起こりうる。

第5章

計数管理のしかた

現場のPDCAサイクルを回し，企業の血流を管理する

1 進捗管理

☑ 優れた企業は，環境の変化に適合して小まめにPDCAサイクルを回している。

☑ 計画は，作って終わりではない。計画は，実行が伴わなければならない。

☑ 計画の進捗管理において重要なのは，実績をできるだけ数字で把握して計画との差異を分析し，今後の対策に活かすことである。

　これまで，管理会計を中心に経営計画と部門別採算管理について説明を加えてきた。現状を分析して将来のビジョンを描き，そしてそれを達成するための戦略を練り，具体的な計画に落とし込んでいく。企業の各部門がその役割と責任を明確にしてその機能をフルに発揮するには，部門別の数値による管理が重要なポイントであり，そのツールとして部門別採算管理制度が経営の中核システムとして位置づけられる。

　それでは，計画ができて部門別採算管理制度ができ上がればそれで十分であろうか。いかなる仕組みもその運用ができていなければ形骸化してしまう。まさに「画に描いた餅」となってしまう。そこで，ここから仕組みの運用としての進捗管理を行う方法を紹介する。

(1) マネジメントサイクルについて

　経営計画における数値計画の進捗管理や部門別採算の進捗管理をどのようにすればよいか。これらにおける方針・目標は『目標利益』という"おカネ"を軸にしているように捉えられるが，本質的にはマネジメントの原則（PDCAサイクル）を徹底するということを忘れてはならない。特に，検証，修正対策を常に繰り返すことが重要である。

　PDCAサイクルとは，Plan（計画）→ Do（実施）→ Check（検証）→ Act

（修正・対策）を繰り返して組織の活動を計画どおり確実に進めるためのマネ
ジメント活動である。

図表 5 - 1 - 1 PDCA サイクル

①　計画（Plan）	目標を設定し，それを具体的な行動計画（アクションプラン・プログラム）に落とし込む。
②　実施（Do）	組織構造と役割を決めて適正な人員を配置し，計画に沿った具体的な活動を実践する。目的を明確にして具体的に活動内容を咀嚼してわかりやすく伝えること。メンバーの動機づけを図ることがポイントである。
③　検証（Check）	活動の途中で定期的に活動の成果を検証して評価する。差異分析と原因追究が重要である。
④　修正・対策（Act）	Check の内容を受けて必要に応じて修正を加えて対策を検討する。

コラム 職場のPDCA～このような職場はありませんか？

　企業の経営改善計画策定や成長戦略に基づく経営計画策定の依頼を受けることが多い。多くの企業から，「過去に計画を作ったが業績が改善しない…」といった声を聞くことがある。

　話を聞くと，計画は作ったものの実行に至っていないとか，チェック・改善が機能していないというケースが多い。銀行にいわれて形だけ取り繕って提出したといったケースも少なくないようである。

　成果が表れないのは環境要因も確かにあるが，それだけではない。環境変化に対応したPDCAサイクルがきちんと回せていないことも，1つの大きな要因である。

　このような職場はないだろうか？

計画倒れ。計画を立てただけで満足。後は野となれ，山となれ！！

いいかげんな計画でも，とにかく「やれ！」タイプ。走りながら考える，行き当たりばったり。蓋を開ければ…。

計画を立て，実行はするがほったらし。会議の間だけ我慢すれば，ホッ！　さぁ翌期の計画を立てるぞ！

過去の成功体験のとおり，トレース会議はやるが，その対策はない。同じことの繰り返し…。

　計画は立てるためにあるのではなく，実行して成果を生むためのものである。そのためには途中でうまくいっているかどうかの進捗チェックをして，必要に応じて修正，対策の手を打たねばならない。

(2)　進捗管理のステップ

　進捗管理には，大きく4つのステップがある。まず実績を把握すること，そして計画・予算と実績の差異を分析し，必要な措置をとる。そしてそれを次の計画に活かして初めて効果的な進捗管理となる。

図表5-1-2　進捗管理のステップ

①実績を把握する → ②計画・予算と実績の差異分析 → ③必要な処置をとる → ④次の計画に活かす

　各ステップにおける留意点は以下のとおりである。

①　実績の把握

　実績の把握はできるだけ数値で把握すること。管理会計の領域であるから，漠然とした実績では進捗が明確にならない。「○○活動が悪かった，よかった」ではなく，どう悪かったのか，よかったのか，それが会社・部門の業績数値にどう表れたのかを極力数値で把握する。そういう意味では，計画の段階で業績の管理指標を明確にしておくことが必要である。

②　差異分析

　計画・予算と実績の差異分析では，原因究明はしつこく行うべきである。大手自動車メーカーでは「なぜ？」を5回繰り返すことで真の原因をつかみ，改善につなげるという話は有名である。

　原因究明は悪い結果だけでなく，良い結果についても行うべきである。良い結果をもたらした要因は何かということを把握することで，継続的な成果に結びつけることができるからである。

③　必要な処置をとる

　差異分析の結果から次に必要な対策をとる。悪い状況はその原因除去を行う。対症療法的な原因除去ではなく，根本的な原因を除去しなければならない。たとえばミスが起こった場合に，そのミスをした人を責めるのではなく，仕組みに問題はないかといった具合に，ミスが起こらない仕組みの改善に努めなければならない。

　良い状況の場合でも「それでよし」とするのではなく，それをさらに大きな成果に結びつけることができないか，あるいは社内で横展開できないかといったことを検討し具体化してそれを実践する。横展開とは，社内の他部門・他部署でも成功の情報・ノウハウなどを共有して社内で活かすことである。

④　次の計画に活かす

　差異分析・原因除去により次の計画立案に活かす。場合によっては原因除去に時間を要することもあるので，そのような場合は次の計画の中でしっかりと実行できるように具体的に織り込むことが必要である。

(3)　予算・実績の差異分析

　PDCAサイクルの中で一番おろそかになりがちなのは，Check（検証）とAct（修正・対策）である。検証では予算と実績の差異や前年度との差異を分析し，その原因を追究する。前述のとおり，原因追究では表面的な分析に終わらずに「なぜ，なぜ」を繰り返して真因を突き止めて，抜本的な対策につなげることが重要である。

①　予算と実績の比較による差異の把握

　予算と実績の比較では何を比較するのか。売上高や原価，販売管理費ならびに利益などの金額を比較する。そして同時に各種管理指標の差異（実績－予算・計画）を把握する。採算単位（予算編成の単位）と実績把握の単位は原則同一であるべきである。そして，権限を委譲された管理者単位ごとに分析する。

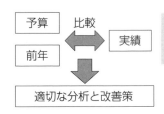

②　利益の差異要因の計算式

　経常利益の差異要因分析の計算式について説明する。経常利益の実績と予算との差異要因は 3 つに分解することができる。売上高要因と限界利益率要因，そして固定費要因である。これらは収益構造を規定する 3 つの要素と同じ視点であり， 3 つの要因は数値で表すことができる。

図表 5 － 1 － 3　経常利益の増減・差異要因のイメージ

　それぞれの差異の求め方は以下のとおりである。

| 限界利益額要因 | ＝ | 売上高要因 | ＋ | 限界利益率要因 |

売上高要因　＝（実績売上高－予算売上高）× 予算限界利益率

限界利益率要因　＝（実績限界利益率－予算限界利益率）× 実績売上高

固定費要因　＝▲（実績固定費－計画固定費）

　　合計　　経常利益の予・実差異

a．売上高要因

売上高要因は実績と予算との差に予算の限界利益率を乗じて算出する。これは「予算の限界利益率のとおりであれば売上の増減によってどれほどの限界利益の差が出たか」という考え方からきている。

当然ながら売上予算達成で差異はプラスに，未達成で差異はマイナスになる。

b．限界利益率要因

限界利益率要因は実績の限界利益率と計画との差に実績の売上高を乗じて算出する。これも「実績の売上高に対して利益率の差がどれほど限界利益の差に影響したか」という考え方である。実績限界利益率が予算を上回れば差異はプラス，下回れば差異はマイナスになる。

c．固定費要因

固定費要因は，実績の固定費と計画の固定費の差がそのまま経常利益の差に影響するが，費用の増加は利益にとってマイナスの影響を及ぼすことから，実績と予算の差にマイナスの符号をつける。

以上３つの要因の合計が経常利益の予算と実績の差に一致する。経常利益の差異が具体的に３つの要因のどこでどれくらいの差異につながったのかを数値化することで影響度を測るものである。感覚だけではなく数値でつかむことは経営感覚につながり，大切なことである。

図表５－１－４ 経常利益の差異要因のイメージ

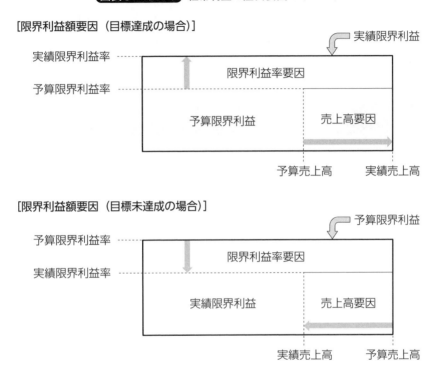

[限界利益額要因（目標達成の場合）]

実績限界利益率 ⋯⋯⋯

予算限界利益率 ⋯⋯⋯

実績限界利益

限界利益率要因

予算限界利益

売上高要因

予算売上高　　　実績売上高

[限界利益額要因（目標未達成の場合）]

予算限界利益率 ⋯⋯⋯

実績限界利益率 ⋯⋯⋯

予算限界利益

限界利益率要因

実績限界利益

売上高要因

実績売上高　　　予算売上高

[固定費要因（予算超過の場合）]

実績固定費

予算固定費

固定費要因

固定費の増加は利益の
マイナス要因

③　進捗管理における差異分析の留意点

差異の原因分析を行う上での留意点を述べる。ポイントは以下の３点である。

- 金額的・質的に重要な項目に的を絞る重点管理を行う。
- すべての差異を分析していたのでは時間が足りない。
- 差異分析をすることが本来の目的ではない。

損益計算書の構成を見てもわかるように勘定科目は多数に上る。しかもそれ以外にも管理指標，たとえば営業利益率，売上高販売費率，歩留，不良率・良品率など数えればきりがないくらいである。それらすべての数値を管理するには膨大な労力を必要とする。これでは管理のための管理となって，手段が目的化してしまうことになる。差異分析は手段であって目的ではない。差異分析は計画を達成させることを目的として行うものであって，計画・予算からの乖離の原因を数値で把握して，その乖離を埋めるために必要な対策を検討・実行して最終的に目標を達成することが重要なことである。差異を分析することに莫大な時間をかけて，その結果を見て満足し，「わかった。それでは来月もがんばろう！」では本末転倒である。

したがって，日常の進捗管理においての差異分析は，金額的に大きな項目や質的に重要な項目に的を絞って重点的に行うことが望ましい。

④　企業活動の結果と差異の要因

計画と成果の差異は「環境予測が正しかったか否か」，「計画がしっかり実行できたか否か」，「計画した施策が正しかったか否か」という要素から生まれる。前提となった環境予測や計画に対して，実際の環境と実績がどうであったかを比較することで今後の進路を方向づけ，具体的なアクションに結びつけていくことが重要である。

環境の予測が正しくできて計画どおりに実施ができた場合に成果が良好であったら，それをさらに良くするにはどうするかという課題が残るし，成果が出なかった場合は，なぜ達成できなかったのか，目的と手段にミスマッチがなかったのかということをよく考えて次の計画に活かす。

　環境予測に見込み違いがあった場合に計画を修正するべきであるのに，修正を怠り，結果が思わしくなかった場合，これは方針管理ができていなかったということで反省を要する。環境が大きく変化した場合には，方針・計画の見直しをする柔軟性が必要である。

図表5－1－5　企業活動の結果と差異要因

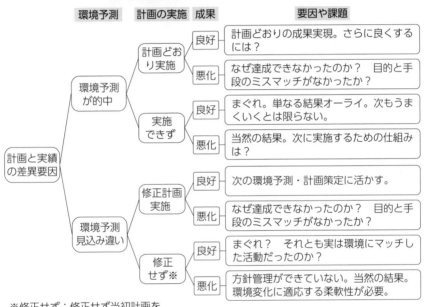

※修正せず：修正せず当初計画を
　実行したという前提

エクササイズ1

　自社の変動損益計算書を作成し，経常利益の増減要因を分析してください。数値に隠された活動の要因もコメントしてください。

科　目	X年度	X＋1年度	増減
売上高			
変動費			
限界利益			
限界利益率			
固定費			
経常利益			

経常利益増減	
売上高要因	
限界利益率要因	
固定費要因	

⑷　KGIとKPIの設定

　業績や活動の進捗状況を「見える化」する，いわゆる業績評価指標として
KGIとKPIがある。KGIは目標や成果に関する指標であり，KPIはそれを達成
するための活動に関する指標である。企業の目標を達成するために各部署や個
人が達成すべきゴールと，そこに至るプロセスを明確にするマネジメントサイ
クルのツールとして使われている。

図表5-1-6 企業活動の結果と差異要因

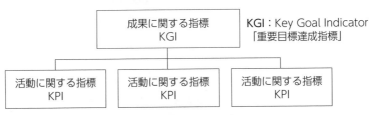

KGI：Key Goal Indicator
「重要目標達成指標」

KPI：Key Performance Indicator
「重要業績評価指標」

① KGIとは

KGIとは，Key Goal Indicatorの略で「重要目標達成指標」と訳される。売上高や利益，不良率など定量的に表される結果の指標である。後述のKPIは活動の過程などを指標としているが，KGIは活動の結果としての業績や活動の効果を数値化したものである。したがって，結果責任を重視される現場の管理者など上席者に必要とされる「数値目標＝ゴール」である。この指標は管理者の問題解決能力が高くないと活かされない。つまり，この数値を見て問題を発見し問題解決に結び付ける能力が必要とされる。

② KPIとは

KPIとは，Key Performance Indicatorの略で「重要業績評価指標」と訳される。業績目標達成のための活動＝プロセスの進捗度合いを数値化したものである。具体的には時間，回数などで表される活動の状況を示す指標である。

【KPIの例】
- 宅配業者：8時台配完率，AM配完率，AM集荷率
- ハンバーガーショップ：OTタイム（order-taking time：顧客から注文を取る時間）
- 倉庫荷役作業：ピッキング作業時間/1行当たり，1日の歩数（万歩計）
- 製造現場：機械の多台持ち（同時に複数の機械を扱う）回数

- 営業担当：訪問回数，提案書提出数，ニーズヒアリング件数

③　設定のポイント

KGI・KPI設定のポイントは下記のとおりである。

- 明確性：従業員が何をすべきかを明確にでき，実務に直結した指標とする
- 測定可能性：実務に基づいて計測可能で定量的な指標とする
- 現実性：従業員が合意する現実的な指標とする
- 関連性：最終的な組織目標に結び付く指標とする
- 適時性：活動の時点か活動終了後の短期間に，その実施状況を把握できる指標とする。そして期限が決まっていること
- 管理可能性：自分でコントロールできる活動についての指標とする

④　KPIの留意点

　現場の作業者でもわかりやすいが業績と結び付く指標の設定が難しい。たとえば宅配業者で，社長が「配送効率を高めよう」という指示を出す。その指示がそのままの言葉として現場のドライバーに伝わったとしよう。ドライバーはいつもよりスピードを出して車を運転するかもしれない。事故の確率も上がり，決して企業にとってプラスとはならない。しかし，現場への指示を「午前中に配送を終える」「午前8時台に配送を終える」という指示を出せばどうであろうか。朝の早い時間なら在宅の可能性も高く，結果として再配達の件数が減る。そこで午前8時台に配達を完了する比率を上げれば配送効率が上がることになる。そこでKPIとして「8時台配完率」が生まれるのである。それに対するKGIは「売上高燃料費率」や「売上高残業費率」であったりする。

　手段の目的化に注意する。KPIは，手段を定量化したものであり，KPIを達成することが目的とならないよう注意しなければならない。ハンバーガーショップでは，1日の客回転数を上げることを重視するあまり，サービスや商品の品質が低下して客離れにつながったといわれている（その後，このKPIは廃止された）。

　また，組織内の活動のすべてを無理に数値化しようとしない。工夫をして効果的な数値を見つけることは必要であるが，業務の中には数値化が難しい，できないものもある。無理に数値化しようとすると，それこそ数値を上げることだけが目的になってしまい，本来の目的を喪失することがある。数値化できない活動は，「どのような状態になっていればよいか」という状態目標を具体的に決めておく。

　<u>KPIは手段であって目的の重要性を忘れてはならない。</u>

エクササイズ2

　自社・自部門のKPIを考えてください。なお，自部門の役割（目的）・目標と合致しているか，KPI設定のポイントと照らし合わせて検討してください。

部門・部署の役割 _____

KPI	目的や効果	目標	管理頻度
例)　8時台配完率	配送効率アップ	○○%	月1回

② 資金繰り管理

要　点‥‥‥‥‥‥‥‥‥‥‥‥‥‥‥‥‥‥‥‥‥‥‥‥‥‥‥‥‥‥

☑　資金繰りは，企業活動の血液ともいえる「資金」に関する非常に重要な管理業務である。

☑　特に間接金融に頼る中堅・中小企業では資金繰り予測を正確に行い，銀行借入などの対策を早めに講じることが重要である。

‥‥‥‥‥‥‥‥‥‥‥‥‥‥‥‥‥‥‥‥‥‥‥‥‥‥‥‥‥‥‥‥‥‥‥‥

　企業の進捗管理に次いで会計上重要な管理項目の1つに，資金繰り管理がある。

　財務会計や管理会計は企業の財務状態や業績を表すものであるが，資金繰りとは資金の収入と支出を管理して支払不能にならないようにするための一連の活動のことを指す。

　ここでは資金繰りの機能や管理手法，資金繰り表の作成方法などについて説明する。

(1)　資金繰りとは

①　資金繰りの意義

　企業の事業活動における支払手段として現金・小切手や手形等が利用される。これらには支払期限があり，この支払期限が守れないと信用を失い，それ以降の事業が成り立たなくなる。手形や小切手の支払をする場合には支払期限に当座預金の残高が不足していると手形や小切手は不渡りとなり，これを6ヵ月の間に2回起こすと銀行取引停止処分となる。実質的な破綻状態といえる。現実は1回目の不渡りで信用を完全に失ってしまう。企業はそのような事態を招かないように，決済期日と回収資金の予定を把握して，必要な場合は資金調達をする手立てを講じるのである。

　そのための管理行動が資金繰り管理である。企業は日々の預金残高と収支実績，一月の支払予定と回収予定，さらには向こう3〜6ヵ月の資金繰り予定を

管理しているのである。これらを一覧表にまとめたものが資金繰り表であり，財務三表といわれる貸借対照表，損益計算書，キャッシュフロー計算書とあわせて重要な経営管理帳票である。

②　資金繰りの機能

資金繰りの機能には，主に以下の3点が挙げられる。

ａ．日々の資金の収支を明確にする

日々の資金（具体的には銀行預金の出入りである）の収入と支出の実績を明確にして毎月の集計を行い，資金の収支と残高を把握する。支払漏れや回収漏れのないようにチェックする。回収実績の確認は，与信管理の結果の確認にもなる。

ｂ．当面の資金繰り予定を把握して必要な手立てを講じる

3ヵ月から6ヵ月先の収支のバランスを見て，支払不能の状態に陥ることのないように手立てを講じる。先々で資金が不足することが予測される場合には，事前に資金調達の手配をするなど必要な措置を講ずることができる。逆に資金の余剰が生まれる場合には借入金を返済したり，自己資金での投資をしたりすることで，余分な利息の支払を抑制することもできる。

ｃ．融資を受けている金融機関との信頼関係を維持する

金融機関との信頼関係を維持するために毎月資金繰り表を提出している企業がある。特に業績の優良な企業は資金繰り表の提出を求められることはあまりないが，業績の不安定な企業などは毎月の提出を求められる。資金繰り表の予測と実績がいつも異なる企業は資金繰り予測の信憑性が乏しく，そのような企業は金融機関からの信用が低下するし，逆に正確な資金繰り表を作成している企業は金融機関にとっても融資を行いやすい。きめ細かい資金繰り管理ができている企業の経営者は，それだけ経営能力が高いものと判断されるからである。

(2)　資金繰り表

代表的な資金繰り表の構成を紹介すると，以下のとおりである。

図表５−２−１ 資金繰り表の構成①

項　目	内　容　等
前月繰越	資金の前月末残高
収入	現金売上，売掛金の入金，手形期日入金，手形割引，前受金，その他現金収入など
支出	現金仕入，買掛金の支払，支払手形の期日決済，人件費，諸経費，利息・割引料，租税公課，設備資金，配当金支払，その他
差引過不足	収入計−支出計
財務収支	短期借入金の返済・調達，長期借入金の返済・調達，社債，増資，配当金支払など
翌月繰越	資金の当月末残高
主要勘定残高	売上高，仕入高，受取手形，売掛金，在庫，支払手形，買掛金，長短借入金など

　収支を経常収支と資本等の設備収支に分けるケースもある。この場合，通常の営業活動に伴う収支と，投資や設備投資等の資本的支出とを明確に分けることができる（図表５−２−２）。

図表５−２−２ 資金繰り表の構成②

項　目		内　容　等
前月繰越		資金の前月末残高
経常収支	収入	現金売上，売掛金の入金，手形期日入金，手形割引，前受金，その他現金収入など
	支出	現金仕入，買掛金の支払，支払手形の期日決済，人件費，諸経費，利息・割引料，租税公課，設備資金，その他
	差引過不足	収入計−支出計
設備等・決算収支	収入	固定資産売却，投資有価証券売却，その他投資回収
	支出	設備資金支払，投資有価証券購入，設備支払手形期日決済，法人税等支払，配当金支払，役員賞与・決算賞与
	差引過不足	収入計−支出計
財務収支	収入	短期借入金の調達，長期借入金の調達，社債発行，増資
	支出	短期借入金の返済，長期借入金の返済，社債償還
	差引過不足	収入計−支出計
翌月繰越		資金の当月末残高
主要勘定残高		売上高，仕入高，受取手形，売掛金，在庫，支払手形，買掛金，長短借入金など

図表5－2－3 資金繰り表(例)

		4月実績	5月実績	6月予定	7月予定	8月予定
前 月 よ り 繰 越						
収入	現 金 売 上					
	売 掛 金 回 収 (現 金)					
	売 掛 金 回 収 (手 形)	( )	( )	( )	( )	( )
	受 取 手 形 期 日 入 金					
	手 形 割 引					
	前 受 金					
	営 業 外 収 入					
	そ の 他					
	収 入 合 計 (A)					
支出	現 金 仕 入					
	買 掛 金 支 払 (現 金)					
	買 掛 金 支 払 (手 形)	( )	( )	( )	( )	( )
	支 払 手 形 決 済					
	(う ち 設 備 支 払 手 形)	( )	( )	( )	( )	( )
	人 件 費					
	諸 経 費					
	支 払 利 息					
	税 金 (消 費 税 他)					
	設 備 投 資					
	そ の 他					
	支 出 合 計 (B)					
差引過不足 (前月繰越+A－B)C						
財務収支	短 期 借 入					
	長 期 借 入					
	短 期 返 済					
	長 期 返 済					
翌 月 へ 繰 越						
売 上 高						
仕 入 高						
月末残高	受 取 手 形					
	(う ち 割 引 手 形)	( )	( )	( )	( )	( )
	売 掛 金					
	棚 卸 資 産					
	支 払 手 形					
	買 掛 金					
	短 期 借 入 金					
	長 期 借 入 金					
	借 入 金 合 計					

(3) 資金繰り予測

① 経常収入の部

日常の事業活動（営業・製造等）から起こる資金の収入を予測する。

a．現金売上

売上予測から現金売上の金額を予測する。売上高に占める現金売上比率を掛けることで計算できる。一般的な小売業，飲食業や接客サービス業などは現金売上比率が高い。

現金売上の金額 ＝ 予測売上高 × 現金売上比率

---

b．売掛金回収（現金）

掛売りでの売上代金の回収を予測する。現金売上と同様に売上高に占める掛売りの比率を掛けて計算する。クレジットでの売上の回収なども含まれる。顧客ごとの販売条件の締日と売掛期間を考慮する。取引先数が多い場合には平均の回収期間を考慮して計算する。通常は売上発生から1～3ヵ月後である。

c．受取手形期日入金

販売代金として回収した手形の期日入金である。売掛金回収（手形）の金額と受取手形の平均サイトから判断する。

たとえば，平均サイトが3ヵ月の場合は以下のとおりとなる。

	4月実績	5月実績	6月予定	7月予定
売掛金回収（手形）	100			
受取手形期日入金				100

手形サイトのバラつきが多い場合などは，特に受け取った手形の期日管理をして入金日と金額を把握しておく必要がある。

d．手形割引

回収した手形を銀行で割り引く場合の予定を組む。通常は取引銀行との間で手形割引の枠を設定している。手形の期日までの利息＝割引料が必要である。

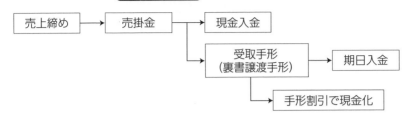

図表５－２－４ 売上から入金まで

e．営業外収入

営業外収入の予定を立てる。営業外収益に計上される不動産の賃貸収入や受取利息・配当金，保険金の受取り，その他雑収入などを予測する。

f．その他

上記以外のその他の入金額を予測する。補助金や助成金などがある場合もここに記載する。

② 経常支出の部

日常の事業活動（営業・製造等）から起こる資金の支払を予測する。

a．現金仕入

原材科や資材等を現金で仕入れる場合の予定である。一般的にはよほど業績が悪くない限り発生しないと思われる。

b．支払手形決済

振り出している手形の期日決済金額の予定である。仕入代金のうち手形支払の割合とサイト・期日から予定を立てる。

c．買掛金支払（現金）

掛けによる仕入代金の予定支払額を計上する。仕入先からの請求書により仕入計上月の翌月もしくは翌々月に支払というのが一般的である。

	3月	4月	5月	6月
仕入（請求書受領）	75	80	70	
買掛金仕入（現金）		75	80	70

d．人件費

役員・従業員の給与・賞与，源泉所得税や社会保険料の法定福利費などの支払額の予定を記載する。ただし，利益処分としての決算賞与は決算支出として分けて考えたほうが把握しやすい。非正規従業員（パートタイマーやアルバイト）への雑給も分けて考えるとよい。

e．諸経費支払

製造経費や外注費，人件費以外の販売費及び一般管理費などその他の諸経費の支払の予定である。諸経費のうち重要なものは細分化して予定を立てる。

f．支払利息・割引料

有利子負債に対する支払利息と手形割引の割引料を予測する。借入残高（平均残高）の予測と約定金利から算出する。保証協会付融資の保証料も加えて予測する。

g．その他の支出

その他の支払で，仮払金・立替金や前払金などである。

h．経常収支過不足

経常収入合計と経常支出合計とで過不足を算出する。これに加えて前月よりの繰越がマイナスになる場合は，資金調達が必要となるので早い段階から手を打つ必要がある。

③　設備等・決算支出の部

a．固定資産売却，投資有価証券売却，投資回収等

固定資産の売却代金や投資有価証券の売却代金，その他投資等の回収から入金になる予定を立てる。

b．設備投資・その他投資の支出

工場建設や機械設備の購入などの支払である。契約金や手付金も含まれる。年度計画に基づき予算金額と支払月を明確にする。設備支払手形の期日決済も予定に入れておく必要がある。その他投資有価証券の購入代金，その他投資の予定額を記載する。

c．決算関係支出

決算後に申告により納付する税金である。法人税，法人事業税，法人住民税などの支払である。また決算後の利益処分としての配当金の支払，役員賞与の支払も予定する。決算賞与も経常支出の部ではなく，ここに計上することもある。

④　財務収支の部

a．財務収入

短期借入金の調達，長期借入金の調達，社債発行の予定ならびに増資による資金調達の予定を計画する。短期借入金は返済期限が 1 年未満の借入金で，通常運転資金，季節資金，決算賞与資金，一時的なつなぎ資金などである。長期借入金は返済期限が 1 年超のもので設備資金や長期運転資金などである。赤字補填資金もあるが，期間はケース・バイ・ケースである。

b．財務支出

短期借入金の返済，長期借入金の返済，社債償還の予定時期と金額を約定条件に沿って予算組みする。

⑤　翌月へ繰越

前月から繰越と差引過不足，そして財務収支の合計が「翌月へ繰越」になる。この金額が少なくなるようなら，前もって借入などの資金調達を検討する必要がある。

⑷　日繰り管理

月次の資金繰りは回っているのだが，月中に資金がショート（不足）するというケースもある。特に業績が厳しくて手許資金に余裕がない企業によくみられる。手元のキャッシュが少ない上に，受注が増えて支払が先行する，つまり増加運転資金が発生するケースなどもある。

手許資金に余裕があり，いざという時には金融機関の融資枠が空いていると

いう企業はそれほど資金繰り管理に注力する必要はないが，月中で資金が
ショートするおそれのある企業は，資金繰り管理は死活問題である。

　そのような場合には，日繰りの管理をしなければならない。日ごとの資金の
出入りをきめ細かく予測しなければならず，経理担当者にとってはかなり負荷
のかかる仕事であり，プレッシャーの重圧も大きいはずである。

　受注生産型の企業などは入金が月によって不安定になることがあるので，日
繰り管理には注意を要する。

①　売掛金の入金予測

　顧客を売掛金の回収条件によって，翌月グループと翌々月グループなどに分
類して月間の売上予測から入金スケジュールを作成する。

図表5－2－5 売掛金回収の予測

翌月グループ売上予測 （単位：千円）

売上月		4月	5月	6月	7月
入金月		5月	6月	7月	8月
入金日	翌　10日計	708	784	789	600
	翌　15日計	12,572	12,120	13,474	13,279
	翌　25日計	522	350	644	437
	翌　末日計	156,065	151,764	141,387	151,587
翌月入金合計		169,867	165,018	156,294	165,903

翌々月グループ売上予測

売上月		3月	4月	5月	6月
入金月		5月	6月	7月	8月
入金日	翌々　5日計	12,049	12,166	10,628	14,115
	翌々　10日計	17,342	15,843	11,923	12,035
	翌々　20日計	25,476	22,278	32,596	19,178
	翌々　末日計	9,814	12,146	15,947	18,967
翌々月入金合計		64,681	62,433	71,094	64,295

月間入金スケジュール

入金月		5月	6月	7月	8月
入金日	5日	12,049	12,166	10,628	14,115
	10日	18,050	16,627	12,712	12,635
	15日	12,572	12,120	13,474	13,279
	20日	25,476	22,278	32,596	19,178
	25日	522	350	644	437
	月末	165,879	163,910	157,334	170,554
月間入金合計		234,548	227,451	227,388	230,198

② **買掛金の支払予測**

　仕入先や外注先が少数であれば，売掛金の入金予測と同じような手法でスケジュールを作成する。しかし，支払先が多い場合は，売上高から一定の比率で支払額をスケジュール化することも可能である。一定の比率とは過去の実績から計算する。

図表５－２－６ 買掛金支払の予測

(単位：千円)

	4月		5月		6月		7月	
売上金額	279,188		242,963		262,480		277,266	
支払日		支払比率		支払比率		支払比率		支払比率
翌月末払	75,137	26.1%	75,381	27.0%	71,917	29.6%	64,308	24.5%
翌々月 5日	49,574	23.1%	79,323	27.5%	74,822	26.8%	63,170	26.0%
翌々月 10日	720	0.3%	1,520	0.5%	2,234	0.8%	972	0.4%
翌々月 20日	44,991	21.0%	60,967	21.1%	57,792	20.7%	48,593	20.0%
翌々月小計	95,285	44.4%	141,810	49.1%	134,848	48.3%	112,735	46.4%
支払比率合計		75.0%		75.2%		75.3%		76.0%
合計	170,422		217,191		206,765		177,042	

　図表５－２－６で，例えば６月の翌月末払71,917千円は５月の売上金額242,963千円に６月の支払比率29.6％を掛けたものである。さらに翌々月５日支払の74,822千円は４月の売上金額279,188千円に支払比率26.8％を掛けたものである。支払比率は過去の実績から計算したものを参考に見積もる。過去実績があまりにもバラつきがあるようだと信憑性が乏しくなることから，支払先ごとに精緻なスケジュールを立てることを勧める。

③　その他経費等の支払

　その他の支払で大きいのは，人件費や水道光熱費，租税公課，賃借料などの経費ならびに借入金の返済・利払いである。毎月の支払日が決まっており，金額もあまり大きな変化がないものなので，日繰り表に支払日と科目を固定しておくとよい。

　該当日が休日の時に支払が前営業日となるのか後営業日となるのか誤りのないよう注意しておく必要がある。また，受取手形の期日入金や手形割引，支払手形の期日決済なども注意してスケジュール管理をしておく（前述の(3)資金繰

り予測を参照のこと）。

④　日繰り管理の留意点

　以上日繰り管理について述べてきたが，日繰り管理表はExcelでも作成可能であるし，取引のデジタル化が進んで手入力の必要もなくなる日も近いと思われる。日繰り管理の留意点としては以下のことが挙げられる。

- 日繰り管理は精緻さを求めるとかなりの労力がかかることから，資金繰りに余裕のある会社は月次管理で十分である。つまり，やらなくともよい。

- 業績が厳しい会社は資金繰り予測の精度を高めなければならない。予測だけでなく実績も記録して，差異の原因を把握することで今後の精度が高まることが期待できる。手間はかかるが予実管理はしておきたい（図表5－2－7参照）。

- 予定していた入金が入ってこないこともあるので，予測は保守的に見積もる。たとえば売上予測は営業目標の7掛け，8掛けとする。予期せぬ支払，例えば事故費は保険金が入ってくるのは数ヵ月後になるかもしれない。予備費として突発的な支払枠を取っておくなどしておく。

- 金融機関ごとの口座の出入りと残高を管理して，余裕をもって資金移動をしておく。

図表５－２－７ 予実管理の例：５日ごとの資金繰り表

（単位：百万円）

内容		4月 予定		4月 実績		5月 予定		5月 実績		6月 予定		6月 実績	
		入出金	残高	入出金	残高	入出金	残高	入出金	残高	入出金	残高	入出金	残高
前月繰越			1		2		17		16		68		67
1日〜5日	1日〜5日（現金売上）	2	3	2	4	3	20	3	19	4	72	4	71
	5日（デベ入金）	3	6	3	7	4	24	4	23	5	77	5	76
	5日（調達）	4	10	4	11	5	29	5	28	6	83	6	82
	入金小計	9		9		12		12		15		15	
	1日〜5日（支払）	−1	9	−1	10	0	29	0	28	1	84	1	83
	1日〜5日（その他支払）	−2	7	−2	8	−1	28	−1	27	0	84	0	83
	出金小計	−3		−3		−1		−1		1		1	
6日〜10日	6日〜10日（現金売上）	1	8	1	9	2	30	2	29	3	87	3	86
	10日（デベ入金）	2	10	2	11	3	33	3	32	4	91	4	90
	10日（ＦＣ入金）	3	13	3	14	4	37	4	36	5	96	5	95
	10日（調達）	4	17	4	18	5	42	5	41	6	102	6	101
	入金小計	10		10		14		14		18		18	
	6日〜10日（支払）	−1	16	−1	17	0	42	0	41	1	103	1	102
	10日（買掛金）	−2	14	−2	15	−1	41	−1	40	0	103	0	102
	6日〜10日（その他支払）	−3	11	−3	12	−2	39	−2	38	−1	102	−2	100
	10日（返済）	−4	7	−4	8	−3	36	−3	35	−2	100	−2	98
	出金小計	−10		−10		−6		−6		−2		−3	
中略													
26日〜月末	26日〜末日（現金売上）	1	14	1	15	2	61	2	60	3	143	2	140
	末日（デベ入金）	2	16	2	17	3	64	3	63	4	147	3	143
	末日（クレジット入金）	3	19	1	18	2	66	2	65	5	152	3	146
	末日（調達）	4	23	4	22	5	71	5	70	6	158	6	152
	入金小計	10		8		12		12		18		14	
	26日〜末日（支払）	−1	22	−1	21	0	71	0	70	1	159	1	153
	末日（買掛金）	−2	20	−2	19	−1	70	−1	69	0	159	0	153
	末日（返済等）	−3	17	−3	16	−2	68	−2	67	−1	158	−1	152
	出金小計	−6		−6		−3		−3		0		0	
入金合計		51		49		69		69		91		87	
出金合計		−35		−35		−20		−20		−5		−6	
翌月繰越			17		16		68		67		158		152

エクササイズ3

自社の資金繰り表を作成し，3ヵ月の予測をしてください。

		月実績	月実績	月実績	月予定	月予定	月予定
前 月 よ り 繰 越							
収入	現 金 売 上						
	売掛金回収（現金）						
	売掛金回収（手形）	（　　　）	（　　　）	（　　　）	（　　　）	（　　　）	（　　　）
	受取手形期日入金						
	手 形 割 引						
	前 受 金						
	営 業 外 収 入						
	そ の 他						
	収 入 合 計 (A)						
支出	現 金 仕 入						
	買掛金支払（現金）						
	買掛金支払（手形）	（　　　）	（　　　）	（　　　）	（　　　）	（　　　）	（　　　）
	支 払 手 形 決 済						
	（うち設備支払手形）	（　　　）	（　　　）	（　　　）	（　　　）	（　　　）	（　　　）
	人 件 費						
	諸 経 費						
	支 払 利 息						
	税 金 （消費税他）						
	設 備 投 資						
	そ の 他						
	支 出 合 計 (B)						
差引過不足（前月繰越+A-B）C							
財務収支	短 期 借 入						
	長 期 借 入						
	短 期 返 済						
	長 期 返 済						
翌 月 へ 繰 越							
月末残高	売 上 高						
	仕 入 高						
	受 取 手 形						
	（うち割引手形）	（　　　）	（　　　）	（　　　）	（　　　）	（　　　）	（　　　）
	売 掛 金						
	棚 卸 資 産						
	支 払 手 形						
	買 掛 金						
	短 期 借 入 金						
	長 期 借 入 金						
	借 入 金 合 計						

おわりに

　本書では，管理会計（経営会計）の領域において，経営者・幹部にとって必要となる「会計マネジメント」について述べてきた。会社の数字にもいろいろあるが，財務会計の世界は主に過去の数値を対象に対外的に公開することを主な目的としている。そして一般的にいう，いわゆる財務分析は過去の会社全体の財務状態や業績を分析・評価するものであり，いってみれば車のバックミラーのようなものである。それに対して，管理会計（経営会計）は社内で活用することを主な目的としており，過去，現在の分析だけでなく，未来の事業展開活動を数値で捉え，もしくは目標とする意味で，車でたとえるとヘッドライトの役割を担っているといえよう。

　したがって，財務会計，管理会計のどちらが重要かという考え方ではなく，どちらも重要な考え方であることは間違いない。序文でも述べたが，本書は数字の苦手な経営者や管理者に向けた応援歌として書き進めてきた。したがって，過去を対象とした財務分析は基本的な部分にとどめており，むしろ将来の戦略構築から計画策定，そして内部活動を志向する部門別採算管理や資金繰り管理に焦点を当てて説明してきたものである。

　経営者にとって理念・ビジョンの明確化と戦略の構築，管理者にとってその実践化は最も重要な使命であり，その達成度を測るモノサシとして管理会計は避けて通れない知識・ツールとなる。そうはいっても経験と勘を軽んじているわけではない。経験と勘に加えて数字で語れる経営者はより経営感覚に優れているといえるわけで，経験と勘をより現場に近い数字で明示する能力が現代経営に求められるものである。つまり経験と勘は情熱で語ることができるが，優れた経営者には，それに加えて冷静な分析に基づく戦略立案と計画策定の力や数値感覚が備わっているということである。

　本書で扱っていない分野には原価計算や企業評価などがあるが，詳細各論，

そしてより高度なレベルであることから，次に学ぶべき領域として位置づけて本書の後により深く学んでいただきたい。

　最後に本書の執筆にあたってご指導いただいた日本生産性本部の加藤篤士道主席経営コンサルタントをはじめチームのコンサルタント，ならびに中央経済社の坂部様には心より感謝申し上げたい。

【編者紹介】

公益財団法人 日本生産性本部　コンサルティング部

公益財団法人 日本生産性本部は，企業を中心としたあらゆる経営組織の長期的な発展を目標に，「生産性向上」を目指す経営コンサルティングを実施している。経営コンサルティング事業を開始したのは1958年。柱の１つである経営コンサルタント養成事業では，これまで7,300名以上の経営コンサルタントを世に送り出した。

コンサルティング部では，専属経営コンサルタントを約50名組織し，「全社改革」「経営戦略」「人事制度」「人材育成」「業務改善」「生産革新」等を主な領域としている。大企業から中堅・中小組織までを支援し，業界としても製造業・サービス業・金融業・自治体・医療介護・学校など多岐にわたる。

年間600件を超える診断指導・支援を実施しており，「人的資本経営」「SDGs経営」「DE&I」「健康経営」「DX推進」など，新たなテーマでの事業展開も活発に行っている。

URL：https://www.jpc-net.jp/consulting/

【著者紹介】

檜作　昌史（ひづくり　まさし）

公益財団法人日本生産性本部　主席経営コンサルタント

1963年	大阪府生まれ
1987年	神戸大学法学部卒業，大和銀行（現りそな銀行）入社
2003年	梅田支店　営業第一部長（大阪北地域法人部長）
2006年	大阪営業部兼大阪中央営業部　営業第六部長（営業企画担当部長）
2007年	「（財）社会経済生産性本部（現（公財）日本生産性本部）経営コンサルタント養成講座」修了後，同本部経営コンサルタントとして各種事業体の診断指導，教育にあたり，現在に至る。

中小企業の事業再生計画策定及び実行の支援や経営革新活動の支援を手掛けるとともに企業内研修などの人材育成に携わる。著書に『M＆Aハンドブック（初版）』大阪商工会議所（共著），『15人の経営コンサルタントによる生産性向上策』日本生産性本部（共著）がある。

経営コンサルティング・ノウハウ ③
会計マネジメント〈改訂版〉

2014年9月20日　第1版第1刷発行
2022年7月30日　第1版第9刷発行
2023年9月25日　改訂版第1刷発行

編　者　公益財団法人日本生産性本部
　　　　コンサルティング部
著　者　檜　作　昌　史
発行者　山　本　　　継
発行所　㈱中　央　経　済　社
発売元　㈱中央経済グループ
　　　　パ ブ リ ッ シ ン グ

〒101-0051　東京都千代田区神田神保町1-35
電話　03 (3293) 3371 (編集代表)
　　　03 (3293) 3381 (営業代表)
https://www.chuokeizai.co.jp

© 2023
Printed in Japan

印刷／文唱堂印刷㈱
製本／㈲井上製本所

＊頁の「欠落」や「順序違い」などがありましたらお取り替えいた
しますので発売元までご送付ください。（送料小社負担）
ISBN978-4-502-47841-3　C3334

ベーシック＋ プラス
Basic Plus

Let's START!

学びにプラス！
成長にプラス！
ベーシック＋で
はじめよう！

いま新しい時代を切り開く基礎力と応用力を兼ね備えた人材が求められています。

このシリーズは，各学問分野の基本的な知識や標準的な考え方を学ぶことにプラスして，一人ひとりが主体的に思考し，行動できるような「学び」をサポートしています。

ベーシック＋専用HP

教員向けサポート
も充実！

中央経済社